Zacharias Tanee Fomum

TU PEUX RECEVOIR UN COEUR PUR AUJOURD'HUI

Éditions du Livre Chrétien
4, rue du Révérend Père Cloarec
92400 Courbevoie France
editionlivrechretien@gmail.com

Titre original Anglais : You Can Receive a Pure Heart Today
Première Edition : 1994, 5 000 Exemplaires.
Ce Livre a Déjà été Produit en 11 000 Exemplaires.
Quatrième Impression, 2007, 2 000 exemplaires.

Edité par :

Editions du livre chrétien
4, rue du Révérend Père Cloarec
92400 Courbevoie - FRANCE
Tél : (33) 9 52 29 27 72
Email : editionlivrechretien@gmail.com

Couverture :
Jacques Maré

Table des matières

Préface..7

Première partie : LE COEUR ANCIEN..............................9
1. Le Coeur Ancien - 1..10
2. Le Coeur Ancien - 2..11
3. Le Coeur Ancien - 3..12
4. Le Coeur Ancien - 4..13
5. Le Coeur Ancien - 5..14
6. Le Coeur Ancien - 6..16
7. Le Coeur Ancien - 7..19
8. Les Manifestations de la Seigneurie du «Moi».........21
9. Trois Principales Classes de Péchés....................28
10. Le Tien est-il un Coeur Ancien ?........................30

Deuxième partie : LE COEUR NOUVEAU........................31
1. Le Coeur Nouveau - 1..32
2. Le Coeur Nouveau - 2..35
3. Le Coeur Nouveau - 3..38
4. Les Marques du Coeur Nouveau..........................40
5. La Crise et le Processus......................................45
6. Le Coeur Pur...52

Troisième partie : LE COEUR NOUVEAU MAIS DIVISÉ.........57
1. Le Coeur Nouveau mais Divisé - 1.....................58
2. Le Coeur Nouveau mais Divisé - 2.....................65
3. Le Coeur Nouveau mais Divisé - 3.....................70
4. Le Coeur Nouveau mais Divisé - 4.....................71
5. Le Coeur Nouveau mais Divisé - 5.....................72
6. Le Coeur Nouveau mais Divisé - 6.....................74
7. Comment en Arrive-t-on au Coeur Divisé ?........76

Quatrième partie : LES DANGERS DU COEUR DIVISÉ............83
1. Le Moi..84
2. Ne Pas Voir Dieu..86
3. L'unique Gloire qui est Permise........................87
4. Ne Pas Servir Dieu.....................................93

Cinquième partie : LE COEUR PUR........................97
1. Dieu est Déterminé à Gagner............................98
2. Qu'est-ce qu'un Coeur Pur ?............................99
3. La Croix de Christ et le Coeur Pur....................101
4. Les Raisons Supplémentaires Pour Lesquelles le Croyant
   Ne Devrait Pas Aimer le Monde.........................107

Sixième partie : RECEVOIR LE COEUR PUR................111
1. Pour Recevoir le Coeur Pur............................112
2. Entrer Dans la Vie Remplie de L'Esprit................113
3. De la Vie Remplie à la Vie Pleine du Saint-Esprit.....114

Septième partie : MAINTENIR LE COEUR PUR..............115
1. La Vie Avec un Coeur Pur - 1.........................116
2. La Vie Avec un Coeur Pur - 2.........................118
3. Le Coeur Pur : les Conflits..........................120

**Huitième partie : GRANDIR DANS LA PURETÉ
                    DU COEUR PUR**........................123

Préface

Ce livre TU PEUX RECEVOIR UN COEUR PUR AU-JOURD'HUI est le quatorzième dans la série intitulée: «AIDES PRATIQUES POUR LES VAINQUEURS». Les livres de cette série déjà écrits sont :

LIVRE 1   L'Utilisation du Temps.
LIVRE 2   Retraites pour le Progrès Spirituel.
LIVRE 3   Le Réveil Spirituel Personnel.
LIVRE 4   Rencontres Dynamiques Quotidiennes avec Dieu.
LIVRE 5   L'Ecole de la Vérité.
LIVRE 6   Comment Réussir dans la Vie Chrétienne.
LIVRE 7   Le Chrétien et l'Argent.
LIVRE 8   Délivrance du Péché de la Paresse.
LIVRE 9   L'Art de Travailler Dur.
LIVRE 10   Connaître Dieu : Le Plus Grand Besoin de l'Heure.
LIVRE 11   La Restitution : Un Message Important pour les Vainqueurs.
LIVRE 12   La Révélation : Une Nécessité !
LIVRE 13   La Vraie Repentance.
LIVRE 14   Tu peux recevoir un coeur pur

Le Seigneur Jésus dit : «*Heureux ceux qui ont le coeur pur, car ils verront Dieu.*» (Matthieu 5:8). La Bible dit: «*Recherchez la paix avec tous, et la sanctification, sans laquelle personne ne verra le Seigneur.*» (Hébreux 12:14).

Il est évident à partir des versets ci-dessus qu=être saint et avoir un coeur pur sont une seule et même chose. Ceux dont les coeurs sont purs sont saints. Les autres ne sont pas saints, ils sont impurs.

Seuls ceux dont les coeurs sont purs verront Dieu. Ceux dont les coeurs ne sont pas purs ne verront pas Dieu. Ceux dont les coeurs ne sont pas purs ne seront pas dans la ville sainte à la fin des temps. La Bible dit : «*Heureux ceux qui lavent leurs robes, afin d'avoir droit à l'arbre de vie, et d'entrer par les portes de la ville ! Dehors les chiens, les enchanteurs, les impudiques, les meurtriers, les idolâtres, et quiconque aime et pratique le mensonge.*» (Apocalypse 22:14-15).

Ton coeur est-il pur ? En d'autres termes : «Seras-tu au ciel?» «Verras-tu Dieu ?» Ce livre est écrit pour t'aider à répondre «oui» à ces questions.

Que Dieu te bénisse excessivement pendant que tu le lis.

Yaoundé, le 13 Juillet 1992

Zacharias Tanee Fomum
BP 6090
Yaoundé - Cameroun.

PREMIÈRE PARTIE

LE COEUR ANCIEN

1. LE COEUR ANCIEN - 1

Qu'est-ce que le coeur ancien ?

Le coeur ancien représente quelqu'un dans la vie duquel Jésus n'est pas venu demeurer.

Le Seigneur Jésus dit : «*Voici, je me tiens à la porte, et je frappe. Si quelqu'un entend ma voix et ouvre la porte, j'entrerai chez lui, je souperai avec lui, et lui avec moi.*» (Apocalypse 3:20).

Si le Seigneur Jésus n'est pas dans un coeur, ce coeur est ancien.

2. LE COEUR ANCIEN - 2

Qu'est-ce que le coeur ancien ?

Le coeur ancien est le coeur avec lequel une personne naît. Personne ne naît dans le monde avec Jésus-Christ dans son coeur. Tout le monde naît dans le monde avec Jésus-Christ hors de son coeur. Le bébé a le coeur ancien à la naissance parce que Jésus n'est pas dans son coeur. Il n'a pas encore commis de péché. Cependant, l'absence de péché ne constitue pas nécessairement le coeur nouveau. Aussi longtemps que Jésus n'est pas dans un coeur, celui-ci est ancien.

Chaque être humain naît avec un coeur ancien. Chaque nouveau-né a un coeur ancien.

3. LE COEUR ANCIEN - 3

Qu'est-ce que le coeur ancien ?

Le coeur ancien est un coeur qui fait de bonnes oeuvres pendant que Jésus est hors de ce coeur. Il pourrait être rempli de bonnes oeuvres faites ou en train d'être faites envers l'homme et pour l'homme, mais parce que Jésus est dehors, ces bonnes oeuvres ne comptent pas devant Dieu. La personne qui fait de bonnes oeuvres tout en ayant le Seigneur Jésus hors de sa vie devrait se repentir. Les bonnes oeuvres de celui dans la vie de qui Jésus n'est pas encore entré sont considérées par Dieu comme un vêtement souillé. Les bonnes oeuvres sont aussi considérées comme des oeuvres mortes. La Bible dit: *«Nous sommes tous comme des impurs, et toute notre justice est comme un vêtement souillé ; nous sommes tous flétris comme une feuille, et nos crimes nous emportent comme le vent.»* (Esaïe 64:5). *«C'est pourquoi, laissant les éléments de la parole de Christ, tendons à ce qui est parfait, sans poser de nouveau le fondement du renoncement aux oeuvres mortes, de la foi en Dieu»* (Hébreux 6:1-2).

4. LE COEUR ANCIEN - 4

Qu'est-ce que le coeur ancien ?

Le coeur ancien est celui qui est rempli de toutes espèces de mal. La Bible dit : «*Etant remplis de toute espèce d'injustice, de méchanceté, de cupidité, de malice ; plein d'envie, de meurtre, de querelle, de ruse, de malignité ; rapporteurs, médisants, impies, arrogants, hautains, fanfarons, ingénieux au mal, rebelles à leurs parents, dépourvus d'intelligence, de loyauté, d'affection naturelle, de miséricorde. Et, bien qu'ils connaissent le jugement de Dieu, déclarant dignes de mort ceux qui commettent de telles choses, non seulement ils les font, mais ils approuvent ceux qui les font.*» (Romains 1:29-32).

5. LE COEUR ANCIEN - 5

Qu'est-ce que le coeur ancien ?

Le coeur ancien est celui qui a, ne serait-ce qu'un seul péché, mais Jésus est hors de ce coeur. La Bible dit : «*Car quiconque observe toute la loi, mais pèche contre un seul commandement, devient coupable de tous. En effet, celui qui a dit : tu ne commettras point d'adultère, a dit aussi tu ne tueras point. Or, si tu ne commets point d'adultère, mais que tu commettes un meurtre, tu deviens transgresseur de la loi.*» (Jacques 2:10-11).

Ce seul péché peut être: le vol,
l'adultère,
la fornication,
l'orgueil,
l'incrédulité,
le mensonge.

Peu importe le péché. Ce qui importe c'est qu'il est là et que le Seigneur Jésus est hors du coeur de la personne.

La personne qui commet un million de péchés et ne reçoit pas Jésus-Christ ira dans le lac de feu ; il en est de même de la personne qui ne commet qu'un seul péché et ne reçoit pas le Seigneur Jésus. Elle aussi ira dans le lac de feu.

6. LE COEUR ANCIEN - 6

Qu'est-ce que le coeur ancien ?

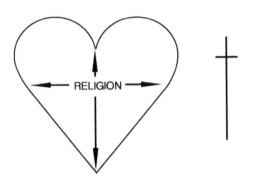

Plusieurs coeurs anciens sont religieux. La religion pourrait être:
l'Islam,
    le Judaïsme,
    le Bouddhisme,
    la Foi Bahaï,
    l'Athéisme,
    les religions traditionnelles.

Elle pourrait être: le Catholicisme,
                le Protestantisme,
                l'Anglicanisme,
                le Méthodisme,
                le Presbytérianisme,
                le Luthéranisme,
                le Pentecôtisme,
                la religion «des frères»
ou toute autre dénomination qui se rattache à Jésus.

SI JÉSUS N'EST PAS VENU DANS LE COEUR D'UN HOMME POUR Y DEMEURER PERMANEMMENT, ALORS IL IMPORTE PEU, QU'IL SOIT UN MUSULMAN, UN JUIF, UN ATHÉE, UN CATHOLIQUE, UN PROTESTANT, UN PENTECÔTISTE OU TOUTE AUTRE CHOSE.

TOUS CEUX QUI N'ONT PAS REÇU CHRIST ONT LE COEUR ANCIEN, INDEPENDAMMENT DE LEUR GROUPE RELIGIEUX ET INDEPENDAMMENT DU RANG QU'ILS OCCUPENT DANS LE GROUPE RELIGIEUX.

Les personnes suivantes doivent recevoir Christ si elles ne L'ont pas encore reçu :
Le chef Imam de la religion Musulmane.
Le souverain sacrificateur de la religion Juive.
Le Pape de la dénomination Catholique.
L'Archevêque de la dénomination Anglicane.
Le Prélat de la dénomination Méthodiste.
Les Présidents, les Modérateurs, les Sur-intendants et autres dirigeants des différentes dénominations.

Il y a une question et une seule qu'il faut considérer. Cette question est la suivante : «As-tu reçu personnellement Christ comme ton Seigneur et Sauveur ?» Si tu ne L'as pas reçu, alors sois sûr que tu as le coeur ancien. Ton rang ne peut pas changer ton coeur. Les années que tu as investies à servir la religion ne peuvent pas changer ton coeur. Les sacrifices que tu as faits pour ta religion ou au nom de ta religion ne peuvent pas changer ton coeur. Ce n'est que lorsque Jésus vient dans ce coeur que le coeur nouveau remplace le coeur ancien.

Nous avons dit qu'un homme peut être le dirigeant d'une religion et être pourtant perdu, car ayant le coeur ancien. Si le dirigeant peut avoir le coeur ancien bien qu'étant dans une position élevée, alors cela va de soi qu'il est possible que ceux qui sont sous sa direction, du plus aîné au plus jeune, aient le coeur ancien, bien que pratiquant une religion. Oui, ils peuvent avoir des coeurs anciens tout en étant zélés. Le zèle ne peut pas changer le coeur ancien en un coeur nouveau. Un des hommes les plus zélés qui ait jamais vécu, Saul de Tarse, rendit ce témoignage : *«Pour moi, j'avais cru devoir agir vigoureusement contre le nom de Jésus de Nazareth. C'est ce que j'ai fait à Jérusalem. J'ai jeté en prison plusieurs des saints, ayant reçu ce pouvoir des principaux sacrificateurs, et, quand on les mettait à mort, je joignais mon suffrage à celui des autres. Je les ai souvent châtiés dans toutes les synagogues, et je les forçais à blasphémer. Dans mes excès de fureur contre eux, je les persécutais même jusque dans les villes étrangères.»* (Actes 26:9-11).

Il était très religieux. Il était très zélé. Jésus était hors de son coeur. Il avait le coeur ancien. Il persécutait ceux qui appartenaient à Christ. Il dirigeait un groupe de ceux qui s'opposaient à Christ. Il avait le coeur ancien. Eux aussi avaient le coeur ancien.

Voici la question que chaque personne doit se poser: «Est-ce que j'ai le coeur ancien ou le coeur nouveau ?» La question que chacun devrait poser à l'autre est celle-ci : «As-tu reçu le coeur nouveau ?» La question que chacun devrait poser à l'autre est : «As-tu reçu le coeur nouveau, ou es-tu encore dans les griffes de le coeur ancien, ou demeures-tu encore dans les liens du coeur ancien ?» La question ne devrait jamais être : «Qu'elle est ta religion ou quel est ton groupe religieux ?»

Ne te gêne pas à changer de religion ou de groupe religieux. Une nouvelle religion ne t'aidera pas pendant que ton coeur demeure un coeur ancien. Reçois le coeur nouveau et toute autre chose sera à sa place.

7- LE COEUR ANCIEN - 7

Qu'est ce que le coeur ancien ?

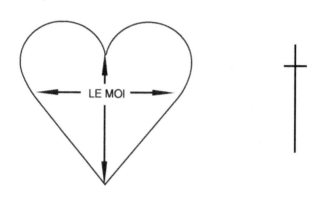

Le coeur ancien est celui qui est dominé,
gouverné,
dirigé,
et contrôlé
par le «moi». Dans le coeur ancien, tout est fait pour le «moi». Les mauvais actes tels que le meurtre,
le vol,
l'adultère,
la tricherie
sont accomplis pour une raison égoïste ou une autre. Le motif est pour satisfaire le «moi». Le "moi" est un dieu qui cherche à être adoré.

Dans le coeur ancien, les bonnes oeuvres telles que:
aider les pauvres,
la charité,
un acte d'amour,

des actes de miséricorde,

des actes de soins

sont toutes faites pour des raisons égoïstes comme le désir d'être vu, entendu, connu, le désir qu'on parle de soi, le désir d'être exalté, promu, ainsi de suite. Les bonnes oeuvres peuvent aussi être faites pour la raison égoïste d'en tirer une bonne sensation de façon qu'après qu'elles sont faites, l'auteur se sent bien. La bonne sensation qu'on a après l'accomplissement de l'acte est la motivation de l'acte. Ainsi donc, les mauvaises oeuvres et les bonnes oeuvres sont le débordement de la vie du «moi». Elles peuvent toutes être accomplies pendant que Christ est hors du coeur. La plupart des gens accomplissent les mauvaises oeuvres du «moi» et les «bonnes» oeuvres du «moi» simultanément.

Il est impossible de faire quoi que ce soit qui ne soit pas motivée par le «moi» jusqu'à ce que Jésus-Christ vienne dans ta vie. Après que le Seigneur Jésus y soit venu, il est possible de faire des choses par Sa motivation.

8. LES MANIFESTATIONS DE LA SEIGNEURIE DU MOI OU QUAND LE MOI RÈGNE, ET CHRIST EST HORS DU COEUR

1. L'ingratitude envers Dieu.
2. L'ingratitude envers les parents.
3. L'ingratitude envers la direction spirituelle.
4. L'ingratitude envers mon employeur.
5. L'ingratitude envers mes employés.
6. L'amour de l'aisance.
7. L'amour du sommeil.
8. L'amour du confort.
9. L'amour des vêtements.
10. L'amour des voitures.
11. L'amour des propriétés immobilières (terrain, maisons, etc).
12. Le désir d'être loué.
13. Le désir d'être promu.
14. Le désir d'être consulté.
15. Le désir de déclasser les autres.
16. Le désir d'être vu.
17. Le désir d'être entendu.
18. Le désir d'avoir le dernier mot.
19. La crainte de l'échec.
20. La crainte d'être oublié.
21. La crainte de mourir sans accomplir quelque chose digne de la louange de l'homme.
22. La volonté-propre.
23. La justification de soi.
24. L'amour du gain.
25. L'amour de la vanité.
26. La crainte de la présence de Dieu.
27. La rébellion contre la direction politique.
28. La rébellion contre la direction spirituelle.
29. La rébellion contre l'employeur.
30. La rébellion contre le mari.

31. La rébellion contre les parents.
32. La rébellion contre les autorités de l'école.
33. L'auto-suffisance.
34. La première place dans le coeur a été donnée à la famille.
35. La première place dans le coeur a été donné à la profession.
36. La première place dans le coeur a été donné à la tribu.
37. L'amertume.
38. Un coeur qui ne pardonne pas.
39. Un coeur qui se souvient de ce qui devrait être oublié.
40. Un coeur qui oublie ce qui ne devrait pas être oublié.
41. L'orgueil à cause de l'apparence physique.
42. L'orgueil à cause de la position académique.
43. L'orgueil à cause de la position sociale.
44. L'orgueil à cause du succès des enfants.
45. L'orgueil à cause de la richesse financière.
46. L'orgueil à cause des dons spirituels.
47. L'orgueil à cause des talents.
48. L'orgueil à cause du succès des parents.
49. L'orgueil à cause du succès du mari.
50. L'orgueil à cause de la position du mari.
51. La paresse.
52. La publicité de soi.
53. Un esprit de manque de pardon.
54. Un esprit de vengeance.
55. La sévérité.
56. L'austérité.
57. Le manque de tendresse.
58. Un esprit de critique.
59. Le commérage.
60. Les murmures contre le gouvernement.
61. Les murmures contre tous ceux qui sont en autorité.
62. L'amour de l'argent.
63. Un esprit d'accumulation.
64. Le vol du temps de l'employeur.
65. Le vol du papier, des enveloppes et des choses semblables, de l'employeur.

66. L'utilisation abusive du téléphone parce que quelqu'un d'autre paye la facture.

67. L'utilisation abusive de l'eau, de l'électricité,... parce que c'est payé par quelqu'un d'autre.

68. Le manque de prière.

69. La superficialité dans la prière.

70. Dormant toujours pendant la prière.

71. La crainte de jeûner.

72. La fausse démonstration de spiritualité.

73. L'impatience.

74. Le manque de joie.

75. Le manque d'amabilité.

76. Le choix consistant du chemin de moindre résistance.

77. L'infidélité à accomplir les promesses faites.

78. Une capacité de faire des promesses de façon irréfléchie.

79. L'incapacité d'être vrai envers quiconque

80. L'incapacité de croire quiconque.

81. L'impuissance de garder la bouche fermée.

82. L'impuissance de garder un secret.

83. Mentir pour compléter des parties d'une histoire qui ont été oubliées, par des choses provenant de ma création personnelle.

84. Mentir pour couvrir ses faiblesses.

85. Mentir pour protéger ses bien-aimés.

86. Exagérer les faiblesses et les échecs de certains.

87. Exagérer les forces et les accomplissements de certains.

88. La fausseté dans l'expression des besoins.

89. Prétendre aimer.

90. Prétendre prendre soin.

91. Prétendre être engagé.

92. La crainte de l'avenir

93. L'inquiétude au sujet de l'avenir des enfants.

94. L'incrédulité.

95. L'amour de la nourriture plus que l'amour pour Dieu.

96. L'amour des plats spéciaux plus que l'amour pour Dieu.

97. L'amour de la viande plus que l'amour pour Dieu.

98. La gloutonnerie.
99. L'amour du football plus que l'amour pour Dieu
100. L'amour de la télévision plus que l'amour pour Dieu.
101. Un amour inhabituel pour les enfants plus que l'amour pour Dieu.
102. Un amour inhabituel pour le conjoint plus que l'amour pour Dieu.
103. Un amour inhabituel pour les parents plus que l'amour pour Dieu.
104. Voler la dîme de Dieu.
105. Voler les offrandes de Dieu.
106. Les mauvaises humeurs.
107. Le mépris.
108. La crainte de l'homme.
109. La crainte d'être identifié comme un croyant.
110. La crainte de l'opinion publique.
111. Le manque de fardeau pour les perdus.
112. Le manque d'amour pour les saints.
113. L'égoïsme envers les croyants.
114. L'égoïsme envers les non-croyants.
115. L'égoïsme envers les nécessiteux.
116. L'égoïsme envers le conjoint.
117. L'égoïsme envers les enfants.
118. L'égoïsme envers les parents.
119. Désirer les choses qui ne sont pas des besoins.
120. Les dettes.
121. Le manque de volonté de payer ses dettes, ou ayant de l'argent mais ne pas payer ses dettes.
122. La solitude auto-créée.
123. Une capacité de se retirer et de s'enfermer sur soi-même.
124. La lâcheté.
125. L'inquiétude.
126. Le manque de repos.
127. Un esprit vagabond.
128. Un esprit nonchalant.
129. Un coeur non brisé.

130. L'incapacité de se repentir.

131. L'incapacité de se détourner du péché.

132. Pas de haine pour le péché.

133. L'amour du monde.

134. L'amour des choses du monde.

135. Un esprit indécis.

136. L'extravagance.

137. L'indiscipline avec l'argent.

138. L'indiscipline avec le temps.

139. Le complexe d'infériorité.

140. Le complexe de supériorité.

141. La ruse.

142. La fourberie.

143. La timidité.

144. L'instabilité.

145. L'absence de convictions profondes.

146. Un coeur froid envers Dieu.

147. Un coeur froid envers l'homme.

148. Exposer les fautes des autres.

149. Cacher ses propres fautes.

150. Un esprit difficile à contenter.

151. La raillerie.

152. Un esprit de divertissement.

153. Le meurtre en pensées.

154. L'adultère en pensées.

155. La fornication en pensées.

156. L'adultère en acte.

157. La fornication en acte.

158. La masturbation.

159. Le découragement.

160. A l'aise dans le désordre.

161. L'égoïsme.

162. Le fait d'être centré sur soi-même.

163. Une volonté faible.

164. Une volonté entêtée.

165. Un esprit indépendant.

166. Un esprit de compromission.
167. Un penchant inhabituel envers le sexe opposé.
168. L'amour de la musique mondaine.
169. La haine pour les gens.
170. Un esprit sans pitié (endurci).
171. L'intolérance.
172. L'atermoiement (le fait de toujours renvoyer à plus tard).
173. Voler la gloire de Dieu.
174. Voler la louange qui est due aux autres.
175. Utiliser les gens pour accomplir des intérêts égoïstes.
176. La haine pour les gens laids.
177. Le désir pour la compagnie des moqueurs de Dieu.
178. La préférence pour la compagnie des inférieurs.
179. L'esprit possessif envers les gens.
180. L'esprit possessif envers les choses.
181. Une capacité inhabituelle de faire des plans qui sont connus comme ne pouvant pas réussir.
182. Un esprit qui est facilement séduit.
183. L'amour pour le surnaturel.
184. Un esprit qui démissionne facilement.
185. L'incapacité de se donner à quiconque.
186. Le doute de soi-même.
187. Un attachement inhabituel au sport.
188. Une capacité inhabituelle d'initier des projets mais sans jamais accomplir aucun.
189. Enseigner ce que l'enseignant lui-même ne pratique pas.
190. Le silence mensonger.
191. Un esprit de calomnie.
192. Une capacité inhabituelle de tirer des conclusions sur peu ou pas d'évidences.
193. Une capacité inhabituelle de prendre des décisions qui ne sont pas le fruit de beaucoup de réflexion.
194. Dire comme témoignage une histoire qui est un mélange de réalité et d'imagination.
195. Une capacité développée de servir ou de faire des choses juste quand quelqu'un regarde ou supervise, et d'arrêter immédiatement quand cette personne est partie.

196. Une capacité inhabituelle de résister au fait d'être influencé positivement par les autres.

197. Le manque d'un but directeur dans la vie.

198. Une crainte d'établir des buts.

199. Une haine pour ceux qui aiment le Seigneur exceptionnellement.

200. La crainte de la présence de Dieu résultant d'une incapacité de soutenir une longue période d'entretien avec Dieu.

201. Une capacité inhabituelle de blâmer les autres.

202. Une capacité inhabituelle de se blâmer soi-même.

203. Une capacité inhabituelle de justifier les autres.

204. Une capacité inhabituelle de rêver tout éveillé.

205. Préférer rêver tout éveillé plutôt que de traduire les idées en action.

206. Le manque de désir que Jésus revienne aujourd'hui.

207. Le manque de désir de voir Jésus revenir dans ma génération.

208. Douter de La Parole de Dieu.

209. Douter des serviteurs de Dieu.

210. L'adoration des idoles.

9. TROIS PRINCIPALES CLASSES DE PÉCHÉ

La liste des manifestations de la Seigneurie de la vie du «moi» peut être répartie en trois groupes principaux: elles sont toutes directement ou indirectement reliées

à l'argent,

au sexe,

à la puissance.

Avant que le Seigneur Jésus ne vienne dans un coeur, une personne trouvera que ses problèmes pourraient être principalement dans le domaine de l'argent, du sexe ou de la puissance. Elle pourrait avoir des problèmes dans toutes ces trois dimensions, mais ses problèmes se manifesteront dans un domaine plus que dans les autres.

Un homme peut ne pas avoir des problèmes avec le sexe. Il pourrait même être fidèle envers sa femme bien qu'ayant un coeur ancien. Il peut ne même pas avoir des problèmes avec les pensées immorales. Il pourrait d'autre part n'avoir pas non plus de problème avec l'amour de l'argent. Il pourrait se contenter de ce qu'il a. Cependant, il pourrait être totalement possédé par le désir d'être vu, loué ou courtisé. Il pourrait être si possédé par ce désir au point d'y mettre toutes choses.

Une autre personne pourrait ne pas avoir de problèmes dans le domaine de la puissance. Elle pourrait être pleinement satisfaite de passer inaperçue, mais son amour pour l'argent pourrait être si fort qu'elle puisse faire n'importe quoi pour avoir de l'argent. Plus elle a de l'argent, plus elle voudra avoir de l'argent. Ou bien moins elle a de l'argent, plus elle désirera en avoir.

Pour une autre personne, ses problèmes pourraient être dans le domaine du sexe. Elle est juste emportée par le désir du sexe. Plus elle sera engagée dans des activités sexuelles, plus elle brûlera pour le sexe.

Il y a des personnes qui ont de sérieux problèmes dans deux des trois domaines, alors que peu ont des problèmes dans tous les trois domaines.

Considère les trois principaux domaines dans lesquels le «moi» se manifeste : l'argent, le sexe et la puissance. Où est la principale manifestation du moi dans ta vie ? Il est bon de tirer les choses au clair à ce niveau, afin qu'il te soit plus facile de les traiter dans le futur.

10. LE TIEN EST-IL « LE COEUR ANCIEN » ?

Tu as suffisamment lu pour arriver à une conclusion claire au sujet de ton coeur. Le tien est-il le coeur ancien ? Ne continue pas à lire jusqu'à ce que tu aies répondu à cette question.

S'il te plaît, écris ta réponse ci-dessous.

«Mon coeur est un coeur ancien parce que:

....

....

....

....

....

....»

DEUXIÈME PARTIE

LE COEUR NOUVEAU

1. LE COEUR NOUVEAU - 1

Qu'est ce que le coeur nouveau ?

Le coeur nouveau est celui dans lequel le Seigneur Jésus est venu habiter. La Bible dit : «*Ainsi parle le Seigneur, l'Eternel: parce qu'on vous dit : tu as dévoré des hommes, tu as détruit ta propre nation, à cause de cela tu ne dévoreras plus d'hommes, tu ne détruiras plus ta nation, dit le Seigneur, l'Eternel. Je ne te ferai plus entendre l'outrage des nations, et tu ne porteras plus l'opprobre des peuples ; tu ne détruiras plus ta nation, dit le Seigneur, l'Eternel. La parole de l'Eternel me fut adressée, en ces mots: AFils de l'homme, ceux de la maison d'Israël, quand ils habitaient leur pays, l'ont souillé par leur conduite et par leurs oeuvres ; leur conduite a été devant moi comme la souillure d'une femme pendant son impureté. Alors j'ai répandu ma fureur sur eux, à cause du sang qu'ils avaient versé dans le pays, et des idoles dont ils l'avaient souillé. Je les ai dispersés parmi les nations, et ils ont été répandus en divers pays ; je les ai jugés selon leur conduite et selon leurs oeuvres. Ils sont arrivés chez les nations où ils allaient, et ils ont profané mon saint nom, en sorte qu'on disait d'eux : c'est le peuple de l'Eternel, c'est de son pays qu'ils sont sortis. Et j'ai voulu sauver l'honneur de mon saint nom, que profanait la maison d'Israël parmi les nations où elle est allée. C'est pourquoi dit à la maison d'Israël : ainsi parle le Seigneur, l'Eternel : ce n'est pas à cause de vous que j'agis de la sorte, maison d'Israël ; c'est à cause de mon saint nom, que vous avez profané parmi les nations où vous êtes allés. Je sanctifierai mon grand nom, qui a été profané parmi les nations, que vous avez profané au mi-*

lieu d'elles. Et les nations sauront que je suis l'Eternel, quand je serai sanctifié par vous sous leurs yeux. Je vous retirerai d'entre les nations, je vous rassemblerai de tous les pays, et je vous ramènerai dans votre pays. Je répandrai sur vous une eau pure, et vous serez purifiés ; je vous purifierai de toutes vos souillures et de toutes vos idoles. Je vous donnerai un coeur nouveau, et je mettrai en vous un esprit nouveau; j'ôterai de votre corps le coeur de pierre, et je vous donnerai un coeur de chair. Je mettrai mon esprit en vous, et je ferai que vous suiviez mes ordonnances, et que vous observiez et pratiquiez mes lois. Vous habiterez le pays que j'ai donné à vos pères ; vous serez mon peuple, et je serai votre Dieu. Je vous délivrerai de toutes vos souillures. J'appellerai le blé, et je le multiplierai ; je ne vous enverrai plus la famine. Je multiplierai le fruit des arbres et le produit des champs, afin que vous n'ayez plus l'opprobre de la famine parmi les nations. Alors vous vous souviendrez de votre conduite qui était mauvaise, et de vos actions qui n'étaient pas bonnes ; vous vous prendrez vous-même en dégoût, à cause de vos iniquités et de vos abominations. Ce n'est pas à cause de vous que j'agirai de la sorte dit le Seigneur, l'Eternel, sachez-le ! Ayez honte et rougissez de votre conduite, maison d'Israël ! Ainsi parle le Seigneur, l'Eternel : le jour où je vous purifierai de toutes vos iniquités, je peuplerai les villes, et les ruines seront relevées ; la terre dévastée sera cultivée, tandis qu'elle était déserte aux yeux de tous les passants ; et l'on dira : cette terre dévastée est devenue comme un jardin d'Eden; et ces villes ruinées, désertes et abattues, sont fortifiées et habitées. Et les nations qui resteront autour de vous sauront que moi, l'Eternel, j'ai rebâti ce qui était abattu, et planté ce qui était dévasté. Moi, l'Eternel, j'ai parlé, et j'agirai.» (Ezéchiel 36:13-36).

Quand Jésus entre dans le coeur d'une personne, Il apporte avec Lui le coeur nouveau. Pour que Jésus vienne, il faut qu'Il soit invité à entrer. Il dit dans Sa Parole : «*Voici, je me tiens à la porte, et je frappe. Si quelqu'un entend ma voix et ouvre la porte, j'entrerai chez lui, je souperai avec lui, et lui avec moi.*» (Apocalypse 3:20).

Si tu n'as jamais invité le Seigneur Jésus à entrer dans ton coeur, il est donc évident qu'Il n'est jamais entré dans ton coeur et qu'Il n'est pas dans ton coeur. Il peut venir dans Ton coeur maintenant si tu L'invites à y entrer.

Tu peux L'inviter par la prière. Si tu veux qu'Il vienne dans ton coeur, tu dois prier comme suit : «Seigneur Jésus, je suis un pécheur. Je ne peux pas me sauver moi-même. Mes bonnes oeuvres ne peuvent pas me sauver. Mes actes religieux ne peuvent pas me sauver. Tu peux me sauver. Viens dans mon coeur maintenant et sois mon sauveur maintenant et à jamais.»

Si tu as fait la prière ci-dessus sincèrement, de tout ton coeur, en étant sérieux dans tout ce que tu as dit, alors le Seigneur Jésus est venu dans ton coeur et par sa venue, ton coeur a été changé du coeur ancien en coeur nouveau. Pourquoi ne pas baisser ta tête maintenant et Le remercier d'être venu dans ton coeur? Tu peux le faire en priant comme suit. «Seigneur Jésus, je Te remercie d'avoir écouté ma prière et d'être venu dans mon coeur. Merci parce que mon coeur est maintenant nouveau. Aide-moi à marcher avec Toi chaque jour, à chaque heure et à chaque minute. Amen !!»

02. LE COEUR NOUVEAU - 2

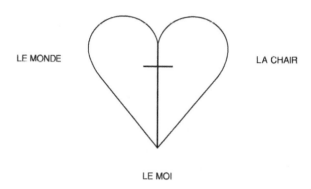

LE MONDE   LA CHAIR

LE MOI

Le Seigneur Jésus vient dans le coeur en la personne du Saint-Esprit. Parce qu'il vient pour régner, toute autre chose qui était dans le coeur doit Lui faire place.

Dès le moment où Il entre, la présence du «moi», du monde ou de la chair dans le coeur devient illégal.

Dans les faits concrets, le «moi» se manifeste à travers les choses suivantes :

1. le moi propre.
2. les oeuvres de la chair.
3. L'amour du monde
4. L'amour des choses du monde.

Ainsi donc, lorsque le Seigneur Jésus entre, Il veut que le «moi» soit hors du coeur. Il veut aussi que les oeuvres de la chair cessent. Il veut que le coeur cesse d'aimer le monde, ainsi que les choses qui sont dans le monde.

Il y a un conflit entre Dieu et Satan dans lequel les différents partis s'attaquent et s'opposent comme suit :

L'apôtre Jean exhorta ainsi les croyants : «*N'aimez point le monde, ni les choses qui sont dans le monde. Si quelqu'un aime le monde, l'amour du Père n'est point en lui. Car tout ce qui est dans le monde, la convoitise de la chair, la convoitise des yeux, et l'orgueil de la vie, ne vient point du Père, mais vient du monde. Et le monde passe, et sa convoitise aussi ; mais celui qui fait la volonté de Dieu demeure éternellement.*» (1 Jean 2:15-17).

L'apôtre Paul enseigna ceci : «*Je dis donc : marchez selon l'Esprit, et vous n'accomplirez pas les désirs de la chair. Car la chair a des désirs contraires à ceux de l'Esprit, et l'Esprit en a de contraires à ceux de la chair ; ils sont opposés entre eux, afin que vous ne fassiez point ce que vous voudriez. Si vous êtes conduits par l'Esprit, vous n'êtes point sous la loi. Or, les oeuvres de la chair sont manifestes, ce sont l'impudicité, l'impureté, la dissolution, l'idolâtrie, la magie, les inimitiés, les querelles, les jalousies, les animosités, les disputes, les divisions, les sectes, l'envie, l'ivrognerie, les excès de table, et les choses semblables. Je vous dis d'avance, comme je l'ai déjà dit, que ceux qui commettent de telles choses n'hériteront point le royaume de Dieu. Mais le fruit de l'Esprit, c'est l'amour, la joie, la paix, la patience, la bonté, la bienveillance, la fidélité, la douceur, la maîtrise de soi ; la loi n'est pas contre ces choses. Ceux qui sont à Jésus-Christ ont crucifié la chair avec ses passions et ses désirs. Si nous vivons par l'Esprit, marchons aussi selon l'Esprit. Ne cherchons pas une vaine gloire, en nous provoquant les uns les autres, en nous portant envie les uns aux autres.*» (Galates 5:16-26).

Comme nous le savons, le diable confronta le Seigneur Jésus tout au long de Son ministère terrestre à plusieurs occasions. L'une des occasions les plus remarquables est enregistrée comme suit : «*Jésus, rempli du Saint-Esprit, revint du Jourdain, et il fut conduit par l'Esprit dans le désert, où il fut tenté par le diable pendant quarante jours. Il ne mangea rien durant ces jours-là, et, après qu'ils furent écoulés, il eut faim. Le diable lui dit : Si tu es Fils de Dieu, ordonne à cette pierre qu'elle devienne du pain. Jésus lui répondit : Il est écrit : L'homme ne vivra pas de pain seulement. Le diable, L'ayant élevé, lui montra en un instant tous les royaumes de la terre, et lui dit : Je te donnerai toute cette puissance, et la gloire de ces royaumes de la terre; car elle m'a été donnée, et je la donne à qui je veux. Si donc tu te prosternes devant moi, elle sera toute à toi. Jésus lui répondit : Il est écrit : Tu adoreras le Seigneur, ton Dieu, et tu le serviras lui seul. Le diable le conduisit encore à Jérusalem, le plaça sur le haut du temple, et lui dit : si tu es Fils de Dieu, jette-toi d'ici en bas ; car il est écrit : il donnera des ordres à ses anges à ton sujet, afin qu'ils te gardent; et ils te porteront sur les mains, de peur que ton pied ne heurte contre une pierre. Jésus lui répondit : Il est dit : Tu ne tenteras point le Seigneur, ton Dieu. Après l'avoir tenté de toutes ces manières, le diable s'éloigna de lui jusqu'à un moment favorable.»* (Luc 4:1-13).

Ainsi donc, c'est clair à partir de ces passages bibliques que le monde et les choses du monde rivalisent avec Dieu le Père pour l'amour du coeur d'un croyant. Il est aussi évident que la chair et ses désirs combattent pour le règne dans le coeur, en opposition au Saint-Esprit, et finalement, les faits sont clairs : Satan lutte contre le Seigneur Jésus. Il l'avait fait, il le fait encore.

Ceci signifie que lorsque Jésus entre dans le coeur, Il veut renverser toute oeuvre de Satan, le monde et la chair, afin que tout ce qu'il y a du Père, du Fils et du Saint-Esprit soit établi.

3. LE COEUR NOUVEAU - 3

Lorsqu'il y a eu une expérience de conversion authentique, pendant que le Seigneur vient dans le coeur de la personne, il y a une réaction spontanée contre tout ce qui n'est pas de Jésus et contre tout ce qui ne Le glorifie pas. Il y a un abandon insouciant de tout pour Le suivre. Des premiers apôtres, la Bible dit: «*Alors Jésus dit à Simon : ne crains point ; désormais tu seras pêcheur d'hommes. Et, ayant ramené les barques à terre, ils laissèrent tout, et le suivirent.*» (Luc 5:10-11).

La Bible dit encore : «*Après cela, Jésus sortit, et il vit un publicain, nommé Lévi, assis au lieu des péages. Il lui dit : Suis-moi. Et, laissant tout, il se leva, et le suivit.*» (Luc 5:27-28).

Les convertis samaritains furent remplis de joie. La Bible dit: «*Ceux qui avaient été dispersés allaient de lieu en lieu, annonçant la bonne nouvelle de la parole. Philippe, étant descendu dans une ville de la Samarie, y prêcha le Christ. Les foules toute entières étaient attentives à ce que disait Philippe, lorsqu'elles apprirent et virent les miracles qu'il faisait. Car des esprits impurs sortirent de plusieurs démoniaques, en poussant de grands cris, et beaucoup de paralytiques et de boiteux furent guéris. Et il y eut une grande joie dans cette ville.*» (Actes 8:4-8).

Dans l'Eglise primitive, la rencontre avec le Seigneur Jésus libérait les gens du désir de posséder les choses pour eux-mêmes. La Bible dit : «*La multitude de ceux qui avaient cru n'était qu'un coeur et qu'une âme. Nul ne disait que ses biens lui appartinssent en propre, mais tout était commun entre eux. Les apôtres rendaient avec beaucoup de force témoignage de la résurrection du Seigneur Jésus. Et une grande grâce reposait sur eux tous. Car il n'y avait parmi eux aucun indigent : tous ceux qui possédaient des champs ou des maisons les vendaient, apportaient le prix de ce qu'ils avaient vendu, et le déposaient aux pieds des apôtres; et l'on faisait des distributions à chacun selon qu'il en avait besoin. Joseph, surnommé par les apôtres Barnabas, ce qui signifie fils d'exhortation, Lévite, originaire de Chypre, vendit un champ qu'il possédait, apporta l'argent, et le déposa aux pieds des apôtres.»* (Actes 4:32-37).

Ainsi, nous voyons que lorsque les gens recevaient le Seigneur Jésus, Celui-ci remplissait leur coeur et la puissance de la vie du moi était brisée. La cupidité qui pousse les gens à vouloir posséder les choses était brisée. La puissance du moi manifestée dans les propos tels que : «Cette chose m'appartient; je possède ceci» fut brisée. Les gens abandonnaient toutes choses allégrement au Seigneur et au peuple du Seigneur. Les possessions terrestres perdaient leur puissance à tenir en captivité. Le désir de faire toute autre chose exceptée suivre Jésus, était perdu.

Pendant que Jésus venait dans le coeur, Il prenait possession de tout le coeur et de tout l'homme. Le coeur était rempli de Jésus et toute autre chose Lui cédait la place.

Ce qui arriva aux premiers disciples se passe encore aujourd'hui lorsqu'il y a une conversion authentique. Quand Jésus entre, le monde et la convoitise du monde disparaissent du coeur. L'amour de l'argent disparaît. L'amour des autres choses du monde disparaît. Le désir pour le sexe extra marital disparaît. Le désir pour la célébrité disparaît. Il n'y a qu'un désir, posséder toute la personne de Jésus. Il n'y a qu'un désir, laisser Jésus posséder toutes choses. Oui, il y a une passion consumante et c'est celle d'ôter tout ce qui pourrait obstruer la voie du Seigneur.

4 - LES MARQUES DU COEUR NOUVEAU

1. Un désir brûlant de connaître le Seigneur Jésus.
2. Un désir brûlant de lire la Bible.
3. Lire et relire la Bible.
4. Lire avec grand appétit tout ce qui pourrait accroître une connaissance du Seigneur Jésus.
5. Un amour brûlant pour tous les croyants indépendamment de leur classe, de leur richesse, de leur position ou groupe.
6. Une profonde satisfaction dans la compagnie de quiconque connaît le Seigneur Jésus.
7. Un amour pour la prière.
8. Beaucoup de prière.
9. La prière fréquente.
10. Prier directement Dieu.
11. Beaucoup de foi dans la prière.
12. De grandes attentes des réponses à la prière.
13. La haine de tout péché.
14. Fuir tout péché.
15. Un grand désir de donner matériellement pour l'Evangile afin que les autres soient sauvés.
16. Un grand désir de donner matériellement pour satisfaire les besoins des frères.
17. Une perte d'intérêt dans la poursuite du gain.
18. Un désir de donner tout ce qui peut être donné pour satis faire les besoins des autres.
19. Se satisfaire de peu.
20. Le contentement avec ce qu'on a.
21. Ne pas se plaindre des gens.
22. Ne pas se plaindre des choses.
23. Ne pas se plaindre des circonstances.
24. Voir la main de Dieu dans chaque situation.
25. S'attendre à l'intervention de Dieu dans chaque situation.
26. Une présentation totale de l'Evangile aux pécheurs sans penser aux conséquences envers celui qui présente ou en

vers celui à qui il est présenté, puisque l'Evangile est le meilleur qu'on puisse offrir dans le temps et dans l'éternité.

27. Les choses sont évaluées uniquement selon leur conséquence sur l'éternité.

28. Les choses qui ont un impact temporaire sont ignorées ou désapprouvées.

29. On arrive tôt au lieu de la prière.

30. On arrive tôt au lieu de l'adoration.

31. On arrive tôt au lieu de l'enseignement biblique.

32. S'attarder au lieu de la prière quand la réunion de prière est terminée, souhaitant qu'il y en ait davantage.

33. S'attarder au lieu de l'adoration, souhaitant qu'il y en ait davantage.

34. S'attarder au lieu de l'enseignement souhaitant qu'il y en ait davantage.

35. Faire tout pour être en compagnie de ceux qui connaissent plus Jésus.

36. Faire tout pour être en compagnie de ceux qui peuvent offrir davantage de Jésus.

37. Le péché est confessé aisément.

38. Le péché est confessé clairement.

39. Le péché est abandonné complètement.

40 L'affliction est ressentie pour le péché commis.

41. Les plans et les projets qui étaient faits pour posséder le monde sont abandonnés.

42. L'intérêt dans l'apparence physique est ignoré.

43. L'intérêt dans les beaux habits est perdu.

44. L'intérêt dans de belles maisons est perdu.

45. L'intérêt dans tous les goûts mondains est perdu, l'intérêt dans les belles voitures est perdu.

46. Le désir de garantir le futur est perdu.

47. Le désir d'épargner pour le futur est perdu.

48. Le désir de donner maintenant pour les besoins du Seigneur et de ceux du peuple de Dieu est élevé.

49. Le désir continuel de gagner tous les hommes au Seigneur.

50. Point de honte pour l'Evangile.

51. L'Evangile présenté à tous les hommes pareillement sans faire acception de personnes.

52. Tout est fait pour promouvoir l'Evangile.

53. Tout est fait pour gagner certains.

54. Tout est fait pour faire savoir à tout le monde qu'on appartient au Seigneur Jésus.

55. Ceux qui sont sans Christ sont considérés comme des tragédies absolues.

56. Les plaisirs de ceux qui sont sans Christ sont considérés comme de la folie extrême.

57. L'argent investi sur terre est considéré comme une grande perte.

58. L'argent investi au ciel est considéré comme la vraie sagesse.

59. Le retrait de l'argent des banques du monde pour l'investir dans la banque du ciel.

60. Point de crainte de la persécution.

61. Pas de crainte d'être désapprouvé par ceux qui ne connaissent pas Dieu.

62. Se contenter du fait que le nom du Seigneur est glorifié in dépendamment de qui reçoit les applaudissements de l'homme.

63. Une bonne disposition à faire un quelconque service pour la gloire du Seigneur Jésus quelque minime que cela puisse être.

64. Se contenter de la position d'un serviteur de Dieu et d'un serviteur des hommes.

65. Une satisfaction profonde trouvée dans les choses spirituelles.

66. Les choses mondaines sont une offense.

67. Les gens du monde sont tolérés à cause de la perspective qu'ils pourraient être gagnés au Seigneur.

68. La position mondaine est tolérée à cause de la perspective qu'elle pourrait procurer une opportunité de servir le Seigneur.

69. Les ambitions égoïstes sont abandonnées.

70. Un grand désir de faire de grandes choses pour le Seigneur.
71. On croit tout.
72. On espère tout.
73. On aime tout le monde.
74. Aucune possibilité de désobéir à la loi de Dieu.
75. La loi de Dieu est vue pour ce qu'elle est : «Finale et irrévocable.»
76. N'entretient aucune pensée de rétrograder.
77. Hait tout péché commis dans la condition du coeur ancien.
78. Regrette les années passées dans l'incrédulité.
79. Regrette les opportunités perdues pendant qu'on était non-croyant.
80. La détermination à gagner tout ce qui peut être gagné.

Le coeur nouveau a un désir élevé d'être libéré des choses suivantes:

1. Les oeuvres de la chair.
2. Les manifestations du moi.
3. L'amour du monde.
4. L'amour des choses du monde.

Le coeur nouveau a un désir brûlant

1. de chercher le Seigneur.
2. de trouver le Seigneur.
3. de connaître le Seigneur.
4. d'aimer le Seigneur.
5. de faire du Seigneur sa joie sublime.
6. de servir le Seigneur comme un débordement d'amour.

Le coeur nouveau a un désir brûlant d'investir

tout son temps,
tout son argent,
toute sa richesse,
toutes ses possessions,
tous ses talents,
tous ses dons,

toutes ses opportunités,
tous ses privilèges, et
toute autre chose dans le service du Seigneur !

Nous pouvons illustrer cela comme suit :

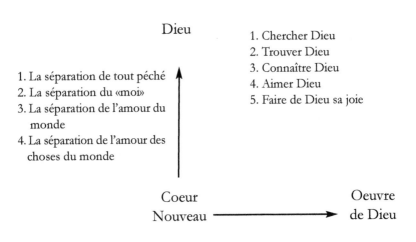

Dieu

1. Chercher Dieu
2. Trouver Dieu
3. Connaître Dieu
4. Aimer Dieu
5. Faire de Dieu sa joie

1. La séparation de tout péché
2. La séparation du «moi»
3. La séparation de l'amour du monde
4. La séparation de l'amour des choses du monde

Coeur Nouveau ⟶ Oeuvre de Dieu

L'investissement total de :
1. Tout le temps
2. Tout l'argent
3. Toute la richesse
4. Toutes les possessions
5. Tous les talents
6. Tous les dons spirituels
7. Toutes les opportunités
8. Tous les privilèges

5. LA CRISE ET LE PROCESSUS

Quand Jésus entre dans un coeur, une crise a lieu. Toutes les choses du monde, s'éteignent ct celles du ciel deviennent brillantes, très brillantes. C'est l'oeuvre de Dieu et nous Lui donnons toute la gloire pour cela.

Cependant, les choses ne s'arrêtent pas là. Le Seigneur s'attend à ce que celui qui a reçu le coeur nouveau agisse en tant que Son co-ouvrier, et ainsi, collabore avec Lui pour s'assurer que le coeur demeure libre du péché, et libre du «moi».

Il en est ainsi parce que le diable tentera de revenir. C'est comme si le Seigneur disait au croyant : «Ton coeur est nouveau et propre. Maintiens la propreté et sois sur tes gardes parce que tu as un ennemi à trois facettes : le monde, la chair et le diable. Je les ai expulsés quand Je suis entré, mais ils sont en train de faire des plans pour revenir. Veille et résiste à leur retour.»

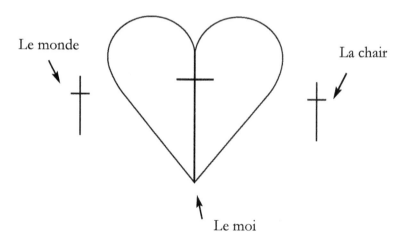

Le coeur nouveau quelques temps après que Jésus a pris résidence, avec la croix obstruant le retour du «moi, du monde et de la chair dans le coeur.

RENONCER AU "MOI"

Le croyant est appelé à coopérer avec Dieu pour s'assurer que le retour du monde, de la chair et du moi dans le coeur est empêché. Cela veut tout simplement dire que le Seigneur ordonne au croyant d'entreprendre un processus. Jésus décrit ce processus dans les paroles suivantes : «*Si quelqu'un veut venir après moi, qu'il renonce à lui-même, qu'il se charge chaque jour de sa croix, et qu'il me suive.*» (Luc 9:23).

Renoncer à soi-même signifie simplement dire «non» à chaque exigence du «moi». Si le «moi» te demande de manquer à une réunion de prière, tu dis «non» à ce «moi».

- Si le «moi» demande que tu aies une pensée impure, tu dis «non» à ce «moi».

- Si le «moi» dit que tu dois prendre une cuillerée supplémentaire de nourriture alors que ce n'est pas nécessaire, tu dis «non» à ce «moi».

- Si le «moi» demande que tu parles mal de quelqu'un, tu dis «non» à ce «moi».

- Si le «moi» demande que tu chantes tes louanges, tu dis «non» à ce «moi».

- Si le «moi» demande que tu te taises au lieu de chanter au Seigneur, tu dis «non» à ce «moi».

- Si le «moi» demande que tu refuses de donner de l'argent au Seigneur, tu dis «non» à ce «moi».

- Si le «moi» demande que tu voies, regardes, touches, rendes visite à quelqu'un que tu ne devrais pas voir, regarder, toucher, visiter, tu dis «non» à ce «moi».

De cette manière, le «moi» est mis hors d'action. Renoncer à soi-même c'est désobéir au «moi».

Celui qui désobéit au «moi» chaque jour, à chaque heure, à chaque minute, et à chaque seconde aura la victoire incessante. Oui, Jésus dit «chaque jour». Dans ce «chaque jour», Il inclut toutes les dimensions du temps qui sont contenues dans un jour, c'est-à-dire :

chaque heure,
trente minutes,
quinze minutes,
dix minutes,
une minute,
trente secondes,
quinze secondes,
dix secondes,
cinq secondes,
une seconde.

En bref le Seigneur était en train de dire qu'il faut que le «moi» soit renié, désobéi chaque fois que ses exigences sont faites, quelle qu'en soit la fréquence et quelle qu'en soit l'insistance. Si le «moi» fait une demande une fois par jour, elle doit être désobéie une fois, c'est-à-dire qu'elle doit recevoir un refus ferme une fois ce jour-là. S'il présente mille exigences différentes ce jour-là, il faut qu'il reçoive un refus ferme à chacune des mille circonstances. Si le «moi» apporte la même demande mille fois, il doit recevoir mille «non» aux mille demandes faites sur le même sujet.

C'est cela le premier secret de la victoire. Toute personne qui a déjà appliqué cela de façon croissante n'a jamais raté d'avoir une victoire incessante.

RENONCER AU «MOI» C'EST DIRE «NON» A LA VOLONTÉ DU DIABLE. RENONCER AU "MOI" N'EST PAS FACULTATIF. C'EST UNE NÉCESSITÉ. C'EST OBLIGATOIRE.

SE CHARGER DE SA CROIX

Il y a la Croix du calvaire sur laquelle le Sauveur mourut. Il porta Sa Croix et mourut sur elle pour nous. Cette Croix était finale, est finale et sera à jamais finale. Nul ne peut ajouter à cela. Nul ne peut la porter.

Cependant, il y a la croix du disciple que le Seigneur Jésus invite tous ceux qui voudraient Le suivre, à porter. La croix du disciple c'est la volonté de Dieu. La croix du disciple c'est ce que Dieu veut qu'on fasse.

PORTER SA CROIX C'EST DIRE "OUI" A LA VOLONTÉ DE DIEU

Porter sa croix c'est recevoir du Seigneur les choses qu'Il veut qu'on fasse, et les faire à la manière dont Il veut qu'elles soient faites, et pour la raison qu'Il veut qu'elles soient faites, et par les méthodes selon lesquelles Il veut qu'elles soient faites, et au temps où Il veut qu'elles soient faites.

Le Seigneur pourrait dire : «Prie». Cela devient sa volonté. Cela devient une croix à porter. Dès le moment où Il dit : «Prie», cela n'importe plus si la personne qui a reçu l'ordre aime prier ou non. Cela n'importe plus si la chose est convenable ou non. Dès le moment où il reçoit l'ordre, cela n'importe plus si ce sera sécurisant ou non de prier. Ce que quiconque d'autre dans toute la création pense n'importe plus. Tout ce qui importe c'est que le Seigneur a parlé et il faut qu'Il soit obéi. La personne pourrait chercher à recevoir du Seigneur les détails au sujet de la prière:
- ce pour quoi prier
- quand prier
- où prier
- comment prier
- pour combien de temps prier
- avec qui prier

Mais cette recherche c'est simplement pour accroître l'exactitude de l'obéissance et non pour revoir si oui ou non le Seigneur doit être obéi.

Le Seigneur pourrait alors donner un autre commandement. Il doit être obéi. Il pourrait donner un troisième commandement. Il doit aussi être obéi. Cette obéissance aux commandements du Seigneur c'est chaque jour,
   chaque heure,
   chaque minute,
   chaque seconde.

Cela s'applique aux petites et aux grandes choses. La croix qui doit être portée pourrait être un commandement à aller laver les assiettes. Il doit être obéi immédiatement. Cela pourrait être un commandement à aller balayer le sol. Il faut qu'il soit obéi immédiatement. Cela pourrait être un commandement exigeant de s'éloigner de quelqu'un. Il faut qu'il soit obéi. Cela pourrait être un commandement de ne pas regarder quelqu'un une seconde de plus ; de ne pas toucher la personne ; de ne pas s'asseoir à côté de la personne ; de ne pas écrire à la personne. Il faut y obéir tout de suite. Cela pourrait être un commandement demandant de ne pas exposer la faute de quelqu'un. Le Saint-Esprit pourrait simplement dire : «Ne dis pas ce que cet homme a fait.» Tu te charges de ta croix et tu fermes ta bouche.

PAR LE FAIT DE SE CHARGER DE SA CROIX, ON S'ASSURE QUE LA VOLONTÉ DE DIEU EST FAITE ET QUE LA VOLONTÉ DU DIABLE EST FRUSTRÉE.

POURQUOI LE SEIGNEUR A-T-IL APPELÉ SA VOLONTÉ UNE CROIX ?

Pourquoi le Seigneur a-t-il appelé Sa volonté une croix ? Il l'a appelée une croix parce que Sa volonté traverse, vient contre, s'oppose, résiste toujours à la volonté de l'homme. La volonté de Dieu et la volonté de l'homme ne sont pas pareilles. Même lorsqu'elles semblent être pareilles, ce n'est qu'une apparence. Les motifs sont souvent si différents.

La volonté d'un homme pourrait être que quelque chose soit fait et la volonté de Dieu pourrait aussi être que cette même chose soit faite. Cependant, il pourrait y avoir de réelles différences quant à :
qui devrait la faire
quand elle devrait être faite.
comment elle devrait être faite.
pour combien de temps elle devrait être faite et
avec qui elle devrait être faite.

Il y a certainement une différence dans le motif. La volonté de Dieu doit être faite uniquement pour la gloire de Dieu. La volonté de l'homme est souvent faite soit totalement pour la gloire personnelle soit un mélange de gloire personnelle et de la gloire de Dieu.

Ainsi donc, dans chaque situation où un homme doit faire quelque chose uniquement pour la gloire de Dieu, sa propre volonté doit être écrasée. C'est la raison pour laquelle le Seigneur appelle Sa volonté une croix.

Dans chaque situation où Dieu veut que Sa volonté soit faite, Celui qui veut la faire doit d'abord se demander : «Est-ce que j'ai un intérêt personnel quelconque en cela ?» S'il a un intérêt personnel, il doit tout d'abord renoncer à lui-même par rapport à cet intérêt, laisser affamé son propre intérêt et confronter la chose fraîchement. Il doit ensuite vérifier à nouveau : «Est-ce que j'ai un quelconque intérêt personnel dans cette affaire ?» Si après avoir sondé son coeur il n'y trouve aucun intérêt personnel, il doit alors continuer et faire la chose pour la gloire de Dieu !!!

Ainsi donc, en renonçant à soi-même, et en se chargeant de sa croix et en suivant le Seigneur, une croix est mise entre le coeur du croyant et le «moi», le monde, et la chair sur une base quotidienne. Ceci entraîne le fait que le coeur demeure nouveau et propre.

La Bible commande : *«C'est pourquoi, renoncez au mensonge, et que chacun de vous parle selon la vérité à son prochain, Car nous sommes membres les uns des autres. Si vous vous mettez en colère, ne péchez point; que le soleil ne se couche pas sur votre colère, et ne donnez pas accès au diable. Que celui qui dérobait ne dérobe plus ; mais plutôt qu'il travaille, en faisant de ses mains ce qui est bien, pour avoir de quoi donner à celui qui est dans le besoin. Qu'il ne sorte de votre bouche aucune parole mauvaise, mais, s'il y a lieu, quelque bonne parole, qui serve à l'édification et communique une grâce à ceux qui l'entendent. N'attristez pas le Saint-Esprit de Dieu, par lequel vous avez été scellés pour le jour de la rédemption. Que toute amertume, toute animosité, toute colère, toute clameur, toute calomnie, et toute espèce de méchanceté, disparaissent du milieu de vous. Soyez bons les uns envers les autres, compatissants, vous pardonnant réciproquement, comme Dieu vous a pardonnés en Christ.»* (Ephésiens 4:25-32).

Le renoncement est un processus.

Ne pas permettre aux paroles mauvaises de sortir de la bouche, c'est un processus.

Etre bon et compatissant, c'est un processus.

6. LE COEUR PUR

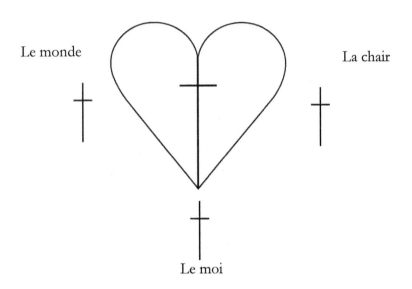

Le monde

La chair

Le moi

Le coeur pur est le coeur nouveau établi. Il est établi en étant rempli du Saint-Esprit.

Le coeur pur est radicalement séparé du monde, de la chair et du «moi». Le coeur pur est rempli par un incessant amour pour le Seigneur. Cet amour est résolu et spontané. C'est le résultat d'être rempli du Saint-Esprit.

Dans le coeur nouveau, il y a un amour spontané pour Jésus, mais cet amour est enfantin et peut facilement s'évanouir parce qu'il n'est pas éprouvé et testé. Cet amour passe ensuite par une étape dans laquelle il devient délibéré ; l'amour volontaire. L'amour de celui qui dit : «Voici ce que Dieu veut. Je vais le faire quel que soit ce que je ressens.» Une telle personne le dit et se met à faire ce que Dieu veut. Elle le fait dans la puissance du Saint-Esprit.

Le coeur nouveau évite le péché parce que Dieu commande qu'il ne doit pas être commis.

Le coeur pur aime le Seigneur spontanément. Il est passé de l'étape qui consiste à aimer Dieu spontanément comme un flot enfantin, à celle d'aimer Dieu par choix volontaire, et finalement d'aimer Dieu comme un flot ayant atteint la maturité. L'amour du coeur pur n'est pas seulement spontané. Il est stable. Il est dépendant. Il n'est pas fluctuant. L'amour est profond, total et constant. Il est grandissant et il a cessé d'être changeant. C'est l'amour à partir du débordement du Saint-Esprit.

Le coeur pur hait le péché non pas seulement parce que Dieu commande que le péché ne doit pas être commis, mais parce qu'il ressent la blessure que Dieu ressent quand le péché est commis. Le coeur pur est brisé par le péché à cause de ce que cela fait à Dieu. Ainsi donc, peu importe qui a commis le péché pourvu que le péché soit contre Dieu. Le péché personnel et le péché soit disant d'un ennemi causera la même douleur au coeur pur. Il en est ainsi parce que le Saint-Esprit qui remplit le coeur pur, ne peut pas supporter le péché.

Le coeur pur n'est pas seulement enflammé d'amour pour le Seigneur. Il est enflammé de tout ce dont Dieu est enflammé. Il est enflammé par le service pour le Seigneur. Il est enflammé par le fait d'aller en mission pour le Seigneur. Il est enflammé de servir le Seigneur. Il est enflammé par le Seigneur en présence des autres, et il est aussi enflammé par le Seigneur quand personne n'est là.

Le coeur pur connaît une seule joie et cette joie c'est le Seigneur. Le coeur pur a un seul trésor et ce trésor c'est le Seigneur. Le coeur pur a un seul avenir et cet avenir est le Seigneur. Le Seigneur est le tout du coeur pur. Ceci est possible parce que le Saint-Esprit a rempli le coeur pur jusqu'au débordement.

Le coeur pur peut être comparé à la vie dans la Terre promise. Les pensées de l'Egypte et du désert ont été englouties par les joies, les bénédictions et la plénitude de la Terre Promise.

Le coeur nouveau c'est une chose. Le coeur nouveau connaît constamment la tentation. Il marche dans la crainte d'être vaincu par le péché. Le coeur pur, d'autre part, est si emporté à aimer le Seigneur et aller en mission pour Lui qu'il n'a pas le temps à passer à contempler le péché pour ensuite décider qu'il ne sera pas commis. La gloire du Seigneur envahit tellement celui qui a le coeur pur que souvent, tout ce qu'il fait c'est de crier la louange de Dieu du tréfonds de son coeur : «Saint, saint, saint est l'Eternel Dieu Tout-Puissant.»

Le coeur pur est si totalement possédé par le Seigneur qu'il n'y a pas de place pour quiconque d'autre, ni pour une quelconque autre chose.

Le Saint-Esprit, pendant qu'Il remplit le coeur, ne laisse pas de place à d'autre prétendants. Le Saint-Esprit, pendant qu'Il continue à remplir le coeur, bâtit une barrière massive, afin que le monde, les choses du monde, la chair et les oeuvres de la chair n'aient aucun accès au coeur. L'illustration au début de ce chapitre peut être présentée avec plus d'exactitude comme suit :

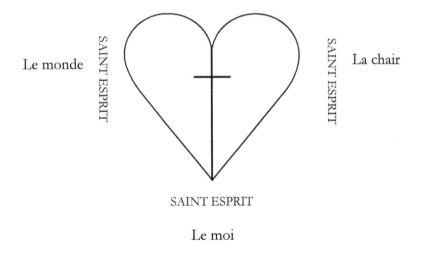

Dans la vie de celui qui est rempli du Saint-Esprit, l'intrusion de la chair, du moi, et du monde est tenue à distance par le Saint-Esprit. En d'autres termes, parce que le coeur est rempli du Saint-Esprit, il n'y a pas de place à occuper par une quelconque autre chose. Parce que le coeur est rempli du Saint-Esprit jusqu'au débordement, le moi, la chair et le monde sont gardés à une grande distance du coeur, de façon que la tentation n'est pas proche. Le croyant rempli du Saint-Esprit est plutôt emporté par le Seigneur. Il jouit du Seigneur.

Les tentations ne font pas pression à chaque minute, car la plupart du temps, les tentations indiquent un domaine possible de faiblesse. La Bible dit : «*Que personne, lorsqu'il est tenté, ne dise : c'est Dieu qui me tente. Car Dieu ne peut être tenté par le mal, et il ne tente lui-même personne. Mais chacun est tenté quand il est attiré et amorcé par sa propre convoitise. Puis la convoitise, lorsqu'elle a conçu, enfante le péché : et le péché, étant consommé, produit la mort.*» (Jacques 1:13-15).

Le coeur pur est emporté par le Seigneur et la volonté du Seigneur. Il connaît peu de tentations, car il est emporté dans la présence de Dieu. Il désire ce que Dieu désire ; il cherche ce que Dieu cherche et il est content de ce que Dieu offre. Il n'y a pas de mauvais désirs dans le coeur pour l'entraîner loin du Seigneur au point d'être séduit.

Les énergies du coeur pur sont pleinement investies à chercher Dieu,
à Le trouver
à Le connaître
à L'aimer
à Le servir,
et à faire de Dieu la joie sublime du coeur pur.

Il n'y a pas de place ni de temps pour autre chose

TROISIEME PARTIE

Le coeur nouveau mais divisé

1. LE COEUR NOUVEAU MAIS DIVISÉ

Le coeur nouveau mais partagé est celui dans lequel le Seigneur habite et dans lequel le «moi» habite également. Le coeur est partagé entre le Seigneur Jésus et le «moi».

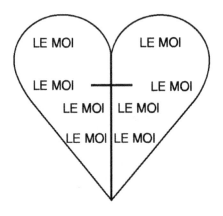

Le moi peut se manifester dans un quelconque des aspects majeurs suivants :

1. Le «moi» propre, c'est-à-dire l'amour de la gloire.
2. L'amour du monde.
3. L'amour des choses du monde.
4. Les manifestations des oeuvres de la chair.

Ces quatre aspects majeurs de la vie du moi se manifestent dans ce qui suit :

LES MANIFESTATIONS DU «MOI»

1.   L'amour-propre.
2.   L'égoïsme.
3.   Le doute de soi-même.
4.   L'admiration de soi-même.

5. La justification de soi-même.
6. L'indulgence vis- -vis de soi-même.
7. La confiance en soi-même.
8. La défense de soi-même.
9. L'apitoiement sur soi-même.
10. L'exaltation de soi-même.
11. Le retrait sur soi-même.
12. La préservation de soi-même.
13. L'auto-suffisance.
14. L'exhibition de soi-même.
15. Le désir d'être vu.
16. Le désir d'être écouté.
17. Le désir d'être loué.
18. Le désir d'exclure les autres.
19. Le désir de manger seul
20. Le désir d'être accepté
21. Le désir d'exalter le moi devant ceux qu'on veut impressionner.
22. Le désir d'être aimé.
23. Le désir d'être félicité.
24. Le désir d'être devant.
25. Le désir d'être supplié.
26. Le désir d'être cité en exemple.
27. Le désir d'être admiré.
28. Le désir d'être salué.
29. Le désir d'être servi
30. Le désir d'être obéi.
31. Le désir de dominer.
32. Le désir d'être au sommet.
33. Le désir d'être honoré.
34. Le désir de faire l'extraordinaire.
35. Le désir d'écraser les autres.
36. Le désir de voir les autres échouer pour qu'ils ne me dépassent pas.
37. Le désir d'imposer mon opinion.
38. Le désir de faire ce que les autres font.

39. Le désir d'être seul et non engagé.
40. Le désir d'être beau (de maintenir ma beauté).
41. L'amour pour la nourriture.
42. L'amour de la solitude.
43. L'amour de l'aisance et du chemin aisé.
44. L'amour des vêtements.
45. L'amour des choses (des possessions).
46. L'amour de l'argent.
47. L'amour du sommeil.
48. L'amour du gain.
49. L'amour du jeu.
50. L'amour du plaisir.
51. L'amour de la louange.
52. L'amour de commander les autres.
53. L'amour de la compagnie des hommes.
54. L'amour des choses gratuites.
55. L'impatience.
56. Difficile à contenter.
57. Attitude distante.
58. L'indifférence.
59. Etre non communicatif.
60. Etre distant.
61. L'indépendance.
62. Avoir un esprit de patron.
63. L'impulsivité.
64. La curiosité.
65. L'esprit d'inquisition.
66. Le bavardage.
67. La négligence.
68. La présomption.
69. L'atermoiement (le fait de renvoyer à plus tard).
70. L'indiscipline.
71. La paresse.
72. La chicheté.
73. Le désordre.
74. La malhonnêteté.

75. La gloutonnerie.
76. La négligence.
77. Le découragement.
78. La désobéissance.
79. La déloyauté.
80. Le manque de prière.
81. Les mauvaises humeurs.
82. Le fait de se plaindre.
83. La critique.
84. Etre sélectif dans le manger.
85. L'ingratitude.
86. L'impolitesse.
87. La rudesse.
88. La hargne.
89. Le manque de sympathie.
90. La complaisance.
91. Le grommellement.
92. Le murmure.
93. L'orgueil.
94. L'irritabilité.
95. La colère.
96. Le snobisme.
97. La jalousie.
98. L'intolérance.
99. La lâcheté.
100. Les exagérations.
101. Les approximations.
102. L'esprit possessif.
103. Le complexe de supériorité.
104. L'hypersensibilité.
105. L'esprit de vengeance.
106. La comparaison (avec les autres).
107. L'insoumission.
108. Le mépris (pour les autres, mépriser les autres).
109. Le mensonge.
110. La honte.

111. L'amertume.

112. Le manque de contentement (l'insatisfaction).

113. L'incrédulité.

114. L'hypocrisie.

115. La prétention (prétendant être occupé pour ne pas être engagé avec les autres).

116. L'intérêt-propre.

117. La vaine gloire (la vanité).

118. Le négativisme.

119. Le manque d'amour.

120. Le manque de repentance.

121. La crainte de l'opinion publique.

122. La crainte d'être exposé.

123. La crainte d'échouer (poussant à hésiter).

124. La crainte de confesser le péché en public.

125. La crainte d'être blâmé.

126. Résister aux réprimandes.

127. Résister à bâtir les relations.

128. Prendre les relations pour acquis.

129. Le manque de disposition à confesser l'amour.

130. Le fait d'être facilement blessé.

131. Le refus de féliciter les autres.

132. La haine naturelle.

133. Le manque de spontanéité à se repentir.

134. Le manque de spontanéité à pardonner.

135. Le manque de spontanéité à restaurer.

136. Centré sur soi-même (absorbé par soi-même).

137. La protection de soi-même.

138. Se dérober de ses responsabilités.

139. Le désir d'être ce que les autres attendent qu=on soit.

140. Le manque de joie.

141. Le manque de persévérance.

142. Le manque de paix.

143. Le manque de miséricorde.

144. L'incapacité à écouter.

145. Le gaspillage du temps.

146. Un habillement négligé.

147. Une apparence débraillée (ne pas se raser la barbe...) une apparence physique négligée.

148. le désir d'être connu.

149. Etre renfermé.

150. Non engagé à faire plaisir aux autres.

151. Le commérage.

152. Non engagé à supplier.

153. Lent à obéir.

154. Trop ambitieux (planifier au-dessus de ses capacités).

155. Etre distrait du travail planifié.

156. S'échapper de la pression.

157. Cacher le "moi" (Se cacher soi-même).

158. Cacher ses fautes.

159. Exposer les péchés des autres.

160. Le désir d'être sollicité par les autres.

161. Le désir d'être consulté.

162. Le désir d'être cherché (on se plaît dans le retrait).

163. Une personnalité renfermée.

164. Donner l'impression d'être coriace.

165. Avoir une haute opinion de soi-même.

166. Avoir une haute opinion de ses idées (opiniâtre).

167. Refus d'accepter la défaite.

168. Le silence (quand on résiste).

169. L'envie (frustré quand on félicite les autres dans un domaine où je pense que je mérite d'être félicité).

170. Le zèle stimulé par la louange.

171. Le refus de prier à haute voix (spécialement pour confesser le péché).

172. Dérangé quand les autres sont loués là où je suis défaillant.

173. Esprit de compétition.

174. Refus de se donner à certaines personnes.

175. Attendre qu'on me supplie (Résister au travail volontaire).

176. Un caractère imprévisible.

177. L'amour de la souffrance.

178. La convoitise.

179. La passion incontrôlée.
180. Une double personnalité.
181. La justice-propre.
182. Accuser les autres
183. Blâmer les autres.
184. Refus et résistance à la correction.
185. Le désir de remplacer (de renverser) les autres.
186. ...

LE COEUR NOUVEAU MAIS DIVISE

Le coeur nouveau est partagé quand ces quatre domaines de la vie du "moi" s'y trouvent.

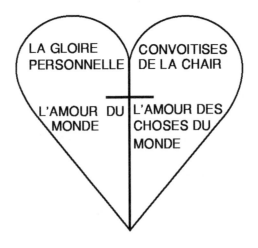

2. LE COEUR NOUVEAU MAIS DIVISÉ - 2

Le coeur nouveau est partagé quand les choses suivantes combattent avec le Seigneur pour la possession du coeur : l'argent, le sexe et la puissance.

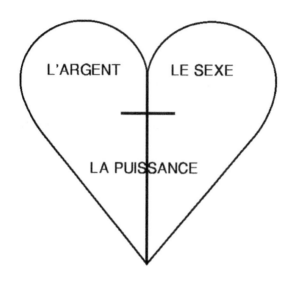

Le mot «argent» est utilisé pour inclure tout ce qui concerne le désir pour la richesse,
la propriété,
les possessions,
Tout genre de choses que l'homme voudrait posséder.
C'est le désir d'être vu et admiré pour ce qu'on a, ce qu'on possède.

Le mot «sexe est utilisé pour inclure tout ce qui a trait au sexe opposé. Ceci inclut tout ce qui concerne le désir d'être beau, désirable, attrayant afin d'être vu ou admiré par le sexe opposé. C'est un languissemment et un cri «sexe opposé, vois-moi». Cela inclut aussi le désir d'utiliser le sexe pour le plaisir dans toutes ses formes possibles. C'est le désir d'être vu et admiré pour ses formes physiques.

Le mot «puissance» inclut tout ce qui a trait à l'importance personnelle, à la puissance au-dessus des autres. Cela inclut le désir d'être premier ; de dominer ; d'avoir autorité ; de commander ; d'être associé avec les grands ; et ainsi de suite. C'est essentiellement le désir d'être vu pour ce qu'on a accompli.

Ainsi donc, nous le présentons de cette manière :
- L'argent a trait à ce qu'on a.
- Le sexe a trait à ce qu'on paraît physiquement.
- La puissance a trait à ce qu'on a accompli, à ce qu'on est.

Le désir d'avoir un compte bancaire bien fourni fait partie de l'amour de l'argent.

Le désir d'être belle ou beau fait partie de l'amour du sexe.

Le désir d'être en autorité fait partie du désir d'être en puissance.

On raconte l'histoire d'un étudiant dans l'une des   plus célèbres universités du monde, qui avait commis le suicide parce qu'à son examen de sortie, il avait eu mention honorable au lieu de mention très honorable. Il convoitait la puissance qui vient du fait d'avoir un diplôme avec la mention très honorable et lorsque sa convoitise ne put être satisfaite, il se donna la mort. Pense à toutes les luttes pour diriger dont le monde est rempli. Pense à toutes les luttes de s'élever au sommet qui sont à l'ordre du jour. Pense à tout le désir de prouver qu'on a fait quelque chose. Toutes ces choses font partie de la lutte pour la puissance.

Pense aux industries de produits de beauté ; à l'industrie du vêtement et aux choses semblables qui sont toutes construites autour d'une question que se posent plusieurs : «Suis-je belle ? Suis-je attrayant? Est-ce que je te plais ? Est-ce que je satisfais ton goût ?»

Pense à tous les crimes, les luttes, les combats et toute autre chose qui se passe pour la quête de l'argent. Pense à l'accumulation des choses qui ne sont pas nécessaires. Prenons l'exemple d'une voiture, elle a été initialement construite pour transporter les gens d'un lieu à un autre en sécurité. Cependant, la voiture est devenue à présent un symbole de richesse. Une soeur dit à son mari : «N'achète pas cette voiture qui n'a que deux portières. C'est pour les gens pauvres. Ne nous fais pas porter l'étiquette de pauvres. J'ai souffert de la pauvreté toute ma vie. Nous devons maintenant être riches et vivre bien». Elle a un problème avec l'amour de l'argent.

Une personne n'a pas besoin d'avoir un problème avec de l'argent, le sexe et la puissance pour avoir un coeur partagé.

Si elle a des problèmes avec de l'argent, alors son coeur est partagé.

Si elle a des problèmes avec le sexe, alors son coeur est partagé.

Si elle a des problèmes avec la puissance alors son coeur est partagé.

Le coeur ci-dessous est partagé à cause de l'amour de l'argent même s'il n'a aucun problème avec le sexe ou la puissance.

Le coeur nouveau mais divisé

Ci-dessous sont les marques d'une personne qui aime l'argent.

Si une ou plusieurs de ces marques sont dans ta vie, tu aimes l'argent et ton coeur est partagé à cause de l'amour de l'argent.

L'AMOUR DE L'ARGENT

Les choses suivantes sont les marques de l'amour de l'argent.

1. L'insatisfaction à cause de son revenu.
2. Le désir pour des choses qu'on ne peut pas se permettre d'avoir.
3. L'accumulation des choses qui ne sont pas nécessaires.
4. L'épargne de l'argent pour le futur alors que les besoins réels du présent ne sont pas pourvus.
5. La construction de plusieurs «châteaux en Espagne»
6. Si tu es toujours en train de gronder les gens au sujet de l'eau, de l'électricité, du gaz, du pétrole, etc.
7. Si on a besoin de 600 francs pour quelque chose, et tu donnes 500 francs tout en demandant à la personne de se débrouiller avec cela.
8. La capacité d'utiliser les autres pour des bénéfices financiers.
9. L'utilisation de l'argent qui appartient au groupe d'une manière dont tu n'utiliserais pas ton propre argent.
10. La capacité de recevoir plus qu'on ne donne. L'amour des cadeaux.
11. Les choses éternelles sont sacrifiées pour le gain temporaire.
12. Demandant toujours là où on peut acheter les choses à bon marché.
13. Priant toujours que Dieu t'aide à acheter les choses à bas prix.
14. Désirant toujours l'augmentation des salaires.

15. Le choix du conjoint est déterminé par de l'argent.
16. Le choix d'une carrière est gouvernée par de l'argent.
17. Le désir pour des choses moins chères au lieu des choses qui sont utiles.
18. Vivre au-dessus de tes moyens et planifier au-dessus de tes moyens.
19. Pas de don sacrificiel au Seigneur.
20. Pas d'investissements sacrificiels dans la cause de la conquête des âmes perdues.
21. Utilisant chaque excuse pour réduire la somme d'argent qui est donnée dans l'oeuvre du Seigneur.
22. Pas de dépense responsable du revenu avec un compte-rendu clair.
23. Garder de l'argent pour des besoins futurs pendant que les besoins présents ne sont pas pourvus.
24. Fermer les yeux aux besoins désespérés des gens autour de toi tout en gardant de l'argent pour des désirs futurs.
25. L'amour pour des choses chères. La qualité est basée sur le prix en sorte que si un bon article est d'un prix bas, il est rejeté. Un article de moindre qualité qui se vend à un grand prix attire facilement ton attention.

3. LE COEUR NOUVEAU MAIS DIVISÉ - 3

Le coeur ci-dessous est partagé à cause d'un problème avec le sexe.

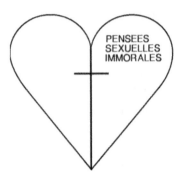

La personne vivant avec des pensées sexuelles immorales a le coeur partagé par ces pensées. Son coeur est impur. Le Seigneur Jésus dit : «*Vous avez appris qu'il a été dit : tu ne commettras point d'adultère. Mais moi, je vous dis que quiconque regarde une femme pour la convoiter a déjà commis un adultère avec elle dans son coeur.*» (Matthieu 5:27-28).

Le mariage ne résoud pas le problème d'adultère dans le coeur. La personne qui commettait l'adultère dans son coeur avant le mariage continuera à commettre l'adultère dans son coeur après le mariage. Se marier à une très belle femme ne résoudra pas le problème d'adultère dans le coeur. Les gens qui sont mariés à de très belles femmes commettent tout de même l'adultère dans leurs coeurs avec des femmes qui sont moins belles.

La seule réponse à l'adultère dans le coeur c'est un coeur pur[1].

---

1 Nous avons traité ce sujet en profondeur dans notre livre : «Délivrance du Péché d'Adultère et de la Fornication».

4. LE COEUR NOUVEAU MAIS DIVISÉ - 4

Le coeur ci-dessous est partagé à cause de la convoitise pour la puissance.

Le désir d'être toujours premier que ce soit d'être premier en classe

dans une matière

dans la vie d'un homme

d'être vu

d'être entendu

d'être salué

d'être consulté

d'être préféré

ou d'être félicité

sont toutes des manifestations de la convoitise pour la puissance. C'est la preuve que le coeur est partagé entre Jésus et le «moi». Ceux dont les coeurs sont purs ont un seul désir et ce désir c'est que Jésus ait non seulement la première place, mais aussi qu'Il ait toutes choses. Qu'il soit leur tout en tout. De telles personnes vont considérer qu'une quelconque attention qu'on leur accorde est en train d'être dérobée du Seigneur Jésus et elles s'assurent qu'Il ait tout.

5. LE COEUR NOUVEAU MAIS DIVISÉ - 5

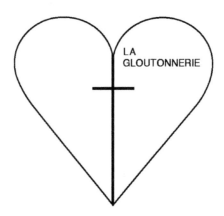

Le coeur nouveau peut être partagé à cause de l'amour de la nourriture

La personne qui aime la nourriture a un coeur partagé.

L'amour de la nourriture se manifeste dans l'un ou plusieurs des domaines suivants :

1. Penser constamment à la nourriture.
2. Penser constamment à la viande, au poisson et aux choses semblables.
3. Penser constamment à de nouveaux mets.
4. L'obésité.
5. L'excès de poids même si cela n'est pas très visible.
6. Manger gloutonnement même si le poids est normal.
7. Manger gloutonnement de la viande ou du poisson ou une chose semblable.
8. Un refus de manger certains types de nourriture bien qu'en les mangeant, cela ne nuit pas à la santé.
9. Grignoter (manger entre les repas).
10. Le manque de puissance de dire non à une offre de nourriture.

11. L'investissement excessif du temps dans l'acte de manger.

12. L'investissement excessif du temps dans la cuisson des aliments.

Le Seigneur Jésus enseigna ceci : «*L'homme ne vivra pas de pain seulement.*» (Luc 4:4). Mais le glouton a fait du manger la chose centrale. Dieu a établi que les gens devraient manger pour accomplir les affaires de la vie, mais le glouton a fait du manger l'affaire de la vie. Jésus et la nourriture font la compétition pour l'amour de son coeur. Le coeur est partagé.

6. LE COEUR NOUVEAU MAIS DIVISÉ - 6

Le coeur nouveau peut être partagé par l'amour de l'aisance.

Le Seigneur Jésus avait l'intention de voir ceux qui sont siens travailler avec Lui pour remplir le monde de disciples du Seigneur Jésus. Il commanda :

1.   *«Allez, faites de toutes les nations des disciples, les baptisant au nom du Père, du Fils et du Saint-Esprit, et enseignez-leur à observer tout ce que je vous ai prescrit. Et voici, je suis avec vous tous les jours, jusqu'à la fin du monde.»* (Matthieu 28:19-20).

2.   *«Allez par tout le monde, et prêchez la bonne nouvelle à toute la création. Celui qui croira et qui sera baptisé sera sauvé, mais celui qui ne croira pas sera condamné».* (Marc 16:15-16).

3.   *«Ainsi il est écrit que le Christ souffrirait, et qu'il ressusciterait des morts le troisième jour, et que la repentance et le pardon des péchés seraient prêchés en son nom à toutes les nations, à commencer par Jérusalem.»* (Luc 24:46-47).

Ceux qui sont à l'aise ne sont pas en train d'obéir à ce commandement. Ils préfèrent désobéir à ce commandement et être à l'aise. Etre à l'aise, être paresseux, être complaisant ou être à la recherche du plaisir, sont l'évidence du fait que Jésus n'a pas possédé tout le coeur. Le désir pour le plaisir fait la compétition avec Jésus pour la possession du coeur. Le coeur est donc partagé.

LE COEUR EST DIVISE PAR UNE CHOSE QUEL-CONQUE, BONNE OU MAUVAISE, LÉGITIME OU ILLÉGI-TIME QUI CONCURRENCE AVEC JÉSUS MÊME POUR LA MOINDRE PLACE DANS LE COEUR.

7 - COMMENT EN ARRIVE-T-ON

AU COEUR DIVISÉ ?

Il y a deux voies par lesquelles un croyant arrive à avoir un coeur partagé.

Dans la première voie, le croyant a reçu le Seigneur Jésus mais n'a pas dit un oui inconditionnel au Seigneur Jésus. Il a vu son péché et a vu le Seigneur Jésus comme le Sauveur des conséquences du péché. Il a vu la croix comme le lieu où le Seigneur Jésus mourut à sa place afin qu'il ne périsse jamais. Il a vu Jésus comme celui qui guérit, qui délivre et pourvoit à toute bonne chose. Il voulait toutes les bonnes choses que le Sauveur offrait. Ainsi donc, il reçut le Sauveur qui allait résoudre ses problèmes. Jésus entra donc dans son coeur pour résoudre ses problèmes.

Dès que Jésus est entré dans sa vie, Il s'est mis à demander la liberté de purifier le coeur ; d'y ôter tout ce qui n'était pas conforme à Jésus. La personne pourrait permettre que certaines choses soient ôtées, tout en résistant au Seigneur au sujet d'autres choses. Ainsi donc, bien que le Seigneur soit entré dans son coeur, elle n'a pas donné tout son coeur au Seigneur. Par conséquent, il n'y a jamais eu un temps où l'amour du monde, l'amour des choses du monde, les oeuvres de la chair et le gouvernement de la vie par le "moi" furent ôtés du coeur. Ces choses avaient dû être rangées dans un coin, mais elles n'étaient pas mises complètement dehors. Une telle personne a reçu le coeur nouveau mais a été liée dès le départ. Une telle personne ne connaît jamais la joie,
la liberté,
l'abandon,
la plénitude,
qui viennent avec l'entrée dans le coeur nouveau. Elle est un peu froide et semble vouloir raisonner sur toute chose, tandis que son problème est le suivant : lorsque le Seigneur lui parle, elle commence

à négocier sur la façon dont elle pourrait s'arranger pour éviter l'obéissance. Un tel croyant va aux réunions avec crainte parce que le message pourrait exiger qu'il laisse Jésus avoir tout. Un tel croyant pourrait bientôt retrouver ceux qui, comme lui, ont refusé d'aller tout le chemin. Ils appellent fanatiques ceux qui ont donné à Jésus la liberté totale dans leurs coeurs et qui sont en train de coopérer avec Lui pour s'assurer que tout ce qui ne Lui plaît pas est ôté. Ils s'établissent dès le début pour une course à moitié.

Je me souviens bien d'un frère qui, encore jeune converti, se saisissait de ses raquettes et allait jouer au lawn tennis tandis que nous autres sortions dans les rues pour évangéliser. Il était un jeune croyant avec un coeur divisé. Il avait le Seigneur, mais il s'assurait également que Jésus n'ait pas toute chose.

Je me souviens d'un autre frère qui avait l'habitude de venir avec nous pendant que nous sortions chaque samedi pour évangéliser dans les rues de la ville. La procédure normale était que nous nous rencontrions dans une maison, priions, et choisissions deux personnes qui resteraient en arrière pour prier pendant que le reste d'entre nous allions dans les rues pour rendre témoignage. Le premier samedi, ce frère opta pour rester prier et nous étions contents pour cela. Le deuxième samedi, il offrit encore de rester pour prier et cela lui fut permis. Le troisième samedi, il voulut encore rester en arrière pour prier. C'est alors que les choses commencèrent à devenir claires. Il était un homme bien placé dans la société et il ne voulait pas être vu dans les rues en train de parler du Seigneur Jésus aux gens. Il ne voulait pas prier. Il utilisait la prière pour fuir l'évangélisation. Son coeur était partagé et rempli de ruse religieuse !

Au début de la vie Chrétienne, les choses du coeur peuvent être ôtées immédiatement du coeur. De grands changements peuvent s'opérer en peu de temps et facilement. Cependant, quand on résiste au Saint-Esprit, le changement qui se produit après est très lent. Les choses se sont en quelque sorte solidifiées.

Nous pouvons illustrer le coeur que nous avions décrit comme suit :

Parce que ces choses ne furent pas ôtées complètement, mais seulement rangées dans des coins, elles vont bientôt commencer à se diriger vers le centre du coeur jusqu'à ce que tout le coeur soit occupé.

La deuxième voie à travers laquelle un coeur devient partagé est la perte de la consécration initiale. Le croyant, après avoir marché avec le Seigneur pour quelque temps, et ce temps pourrait être des heures,

des jours,

des semaines,

des mois,

des années,

et après avoir joui de la liberté en Christ, retourne coopérer avec l'Ennemi, en sorte que les choses qui ont été extirpées de son coeur sont ramenées soit lentement, soit rapidement. Il pourrait lentement rentrer à une vieille habitude dont il a été libéré. Il pourrait devenir insatisfait du Seigneur et vouloir goûter une fois de plus aux plaisirs du péché. Il pourrait se tenir au carrefour des offres qui sont hors de la volonté de Dieu. Il a le choix de dire «non» à ces offres et de continuer avec le Seigneur ou de dire «non» au Seigneur et d'avoir ces offres. S'il dit «non» au Seigneur, il aura les offres dans son coeur.

Dès ce moment, il suivra le Seigneur à distance. Dès ce moment, il sera connu du Seigneur comme un rétrograde quel que soit ce qu'il pourrait présenter comme apparence à l'homme. S'il continue dans cette condition, il pourrait arriver au point où il voit cela comme une chose normale et pourrait ainsi s'établir dans l'état d'un homme ayant un coeur partagé.

Nous pouvons illustrer cette condition de coeur comme suit.

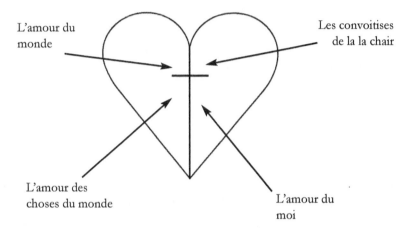

Un écrivain de cantiques qui a une fois connu cette condition, mais l'a perdue, écrivit :

Oh pour une marche plus intime avec Dieu.
Un calme et céleste cadre.
Une lumière pour briller sur la route
Qui me conduit à l'Agneau !

Où est la bienfaisance que j'ai connue
Quand pour la première fois, j'ai vu le Seigneur?
Où est la vue qui rafraîchit l'âme
De Jésus et Sa Parole.
Quelles heures paisibles dont j'ai une fois jouies

Combien douce leur mémoire demeure !
Mais elles ont laissé un vide douloureux
Que le monde ne peut jamais remplir.

La plus chère idole que j'aie connue,
Quelle que soit cette idole,
Aide-moi à la déchirer de Ton trône,
Et à n'adorer que Toi.

Ainsi ma marche sera étroite avec Dieu,
Calme et serein sera mon cadre.
Ainsi une lumière plus pure marquera la route.
Qui me conduit à l'Agneau.

S.S and S NE 583 (Traduction)

Dans son cas, le problème était une idole, une chère idole. Dans chaque cas, c'est une idole qui vient diviser le coeur avec le Seigneur Jésus. Quand une idole entre, la joie du salut ; la joie du Seigneur s'en va. Quand une idole entre, quelle que soit l'idole, le flot dans la prière est brisé ; la communion avec Dieu perd un élément crucial. Il pourrait y avoir des étincelles d'excitation émotionnelle, mais la joie du Seigneur qui est plus profonde que les excitations émotionnelles, est perdue.

Oui, le problème, ce sont les idoles.

As-tu confronté les idôles de ton coeur ? Les listes des pages 23 à 29 et des pages 59 à 66 sont des listes des idôles. Confronte-les sérieusement.

AVERTISSEMENT

C'est mieux de ne pas permettre aux choses qui avaient une fois été extirpées du coeur de revenir et s'y établir parce qu'elles sont plus difficiles à ôter après leur rétablissement. C'est comme du ciment mouillé. Il est plus facile à enlever. C'est ainsi qu'il est facile au Saint-Esprit d'ôter les idôles du coeur au début de la vie chrétienne. Quand ces idôles sont ramenées, elles deviennent comme du ciment solidifié. Il faut un marteau pour le déloger petit à petit et quelquefois, c'est extrêmement pénible et coûteux.

S'il te plaît, protège ton coeur. Le livre des Proverbes dit : «*Garde ton coeur plus que toute autre chose, car de lui viennent les sources de la vie.*» (Proverbes 4:23).

QUATRIÈME PARTIE

LES DANGERS DU COEUR DIVISÉ

1. LES DANGERS DU COEUR DIVISÉ :
LE MOI

Le « moi » est un aussi grand ennemi de Dieu que le péché l'est.

Le coeur de Dieu est aussi transpercé par chaque acte du « moi » qu'il l'est par chaque acte de péché.

La personne qui manifeste ce moi est aussi mauvaise que la personne qui commet
le vol,
l'adultère,
le meurtre,
et les choses semblables.

La cause de Satan est aussi avancée par chaque acte d'amour-propre que par chaque acte de péché.

La cause de Dieu est aussi obstruée par chaque acte d'amour-propre que par chaque acte de péché.

Dieu ne regarde pas premièrement aux actes des hommes. Il regarde d'abord aux motifs pour lesquels les actes ont été accomplis. Si l'acte a pour motivation la gloire personnelle, alors l'acte est totalement contre Lui.

La gloire personnelle est violemment opposée à la gloire de Dieu,

La volonté-propre est violemment opposée à la volonté de Dieu,

L'amour-propre est violemment opposée à l'amour de Dieu,
Les intérêts personnels sont violemment opposés aux intérêts de Dieu,

L'exaltation personnelle est violemment opposée à l'exaltation du Seigneur Jésus, même si la violence est masquée pour le moment.

La production la plus coûteuse,
   sacrificielle,
   grandiose,
   extensive,
   impressionnante,
   qualitative,
   quantitative,
provenant de l'amour-propre n'accomplit qu'une seule chose : étendre le royaume de Satan et combattre contre le Seigneur Jésus !

2. LES DANGERS D'UN COEUR DIVISÉ : NE PAS VOIR DIEU

Le coeur partagé est un coeur impur. Celui qui a le coeur pur verra Dieu. Seuls ceux qui ont le coeur pur verront Dieu. Ceux dont les coeurs sont impurs ne verront pas Dieu. Ceux dont les coeurs sont partagés ne verront pas Dieu.

Tu ne verras pas Dieu si ton coeur est partagé et demeure partagé.

3. LES DANGERS D'UN COEUR DIVISÉ :

L'UNIQUE GLOIRE QUI EST PERMISE

L'apôtre Paul écrivit : « *Pour ce qui me concerne, loin de moi la pensée de me glorifier d'autre chose que de la croix de notre Seigneur Jésus-Christ, par qui le monde est crucifié pour moi, comme je le suis pour le monde.*» (Galates 6:14).

Toute gloire qui n'est pas « gloire soit à Dieu» est une vaine gloire! Toute gloire qui n'est pas la gloire dans la croix de notre Seigneur Jésus est interdite pour moi. Parce qu'elle est interdite, tout intérêt en elle est un intérêt dans

> la mort,
>
> la calamité,
>
> le désastre, pour moi-même, ma famille, mon

quartier, ma ville, ma nation, mon continent, mon monde.

Tout ce qui est fait pour recevoir la louange des hommes est l'amour du monde. C'est du désastre personnel. C'est la ruine personnelle. C'est la tragédie personnelle, éternelle.

L'ORGUEIL DE LA VIE

L'orgueil de la vie inclut tout ce qui fait dire à une personne intérieurement ou bien intérieurement et extérieurement :

« Gloire soit à moi ».

«Je l'ai fait».

«Je suis un succès».

«Je suis meilleur que toi».

«Je suis merveilleux».

«J'ai ceci et j'ai cela».

«J'ai réussi».

«Je ne suis pas un échec».

«Je suis quelque chose de grandiose !»
«Je suis quelqu'un».

L'orgueil de la vie se manifeste à travers :
- La richesse
- L'éducation,
- Le succès académique,
- Le succès professionnel,
- Les promotions venant de l'homme,
- Toutes formes de distinction,
- Tout ce qui fait sentir à un homme qu'il n'est pas comme les autres : qu'il est meilleur que les autres,
- Tout ce qui crée l'envie dans les coeurs des autres,
- Tout ce qui pousse les autres à chercher quelque chose du monde,
- Tout ce qui pousse un homme à exalter le «Je».
- Tout ce qui pousse un homme à exalter le «moi».

Eve vit que l'arbre était agréable pour ouvrir l'intelligence !

- Toute gloire qui n'est pas «gloire soit à Dieu» est une vaine gloire.
- Toute gloire qui ne sera pas gloire à la venue de Christ est une «vaine gloire».
- Toute gloire qui n'est pas «gloire soit à la croix de Christ» est une vaine gloire.

Tout succès qui pousse les gens à admirer un homme; à regarder un homme ; à désirer un homme plutôt qu'à admirer le Seigneur ; à regarder au Seigneur et à désirer le Seigneur n'est pas un réel succès. Le vrai succès doit être mesuré par ce qu'il produit.

LA CONVOITISE DES YEUX

Plus une personne est charnelle, plus elle accorde l'attention à la forme extérieure ; à ce qui est remarquable par les yeux ; à ce qui plaît aux yeux. La convoitise des yeux inclut la beauté de la forme physique ; les beaux habits, les belles chaussures, les beaux styles, les beaux plats, les belles marmites, les belles chaises, les beaux bâtiments, la belle élégance, les bons goûts, les belles modes, ainsi de suite. Pour une personne charnelle, il faut que la chose soit bonne à regarder. Ce n'est pas tellement son utilité qui compte, ce qui importe c'est comment paraît la chose. Tout ce qui est attrayant et agréable à la vue c'est la convoitise des yeux.

Eve vit que le fruit interdit était agréable à la vue !

LES CONVOITISES DE LA CHAIR

Plus une personne est mondaine, plus ses appétits sont aiguisés et plus elle fait tout pour satisfaire son appétit. Plus une personne est mondaine, plus elle est contrôlée par son appétit :

L'appétit pour le sexe,
          la liberté,
          la volonté-propre,
          l'adoration,
          les intérêts propres.

Les convoitises de la chair sont les convoitises du «moi» pour avoir ce qu'il veut et il obtient ces choses par tous les moyens : la fornication, l'impureté, la dissolution, l'idolâtrie, la sorcellerie, l'inimitié, la lutte, la jalousie, la colère, l'égoïsme, la dissension, l'esprit de secte, l'envie, l'ivrognerie, la gloutonnerie.

Eve vit que le fruit défendu était bon comme nourriture !

L'AMOUR DU MONDE

Aimer ce que ceux du monde aiment c'est avoir l'amour du monde dans son coeur.

Faire une chose quelconque pour les mêmes raisons que ceux du monde le font c'est de la mondanité.

Avoir les mêmes craintes,
             inquiétudes,
             désirs,
             intérêts,
             plans,
             espoirs,
             et inclinations,
que les gens mondains, c'est du désastre personnel. C'est la calamité personnelle.

Chaque admiration,
        désir
        pensée.
        parole du monde,
        sa louange,
        son honneur,
        son exaltation,
        sa pompe,
        sa panoplie,
est inimitié avec le Père. Parce que c'est inimitié avec le Père, c'est l'inimitié avec mon plus grand bien. C'est de la destruction personnelle, haine personnelle.

DIEU ET LES MÉLANGES

- Tout ce qui est entièrement péché est une abomination pour Dieu.
- Tout ce qui est partiellement péché est une abomination pour Dieu.
- Tout ce qui est légèrement péché est une abomination pour Dieu.

LES DANGERS DU COEUR DIVISÉ

- Tout ce qui est entièrement pur, juste et sanctifié est agréable à Dieu.
- Tout ce qui est entièrement le «moi» est une abomination pour Dieu.
- Tout ce qui est partiellement le «moi» est une abomination pour Dieu.
- Tout ce qui est légèrement le «moi» est une abomination pour Dieu.
- Tout ce qui est entièrement libre du «moi» est agréable à Dieu.
- Tout ce qui est entièrement amour du monde est une abomination pour Dieu.
- Tout ce qui est partiellement amour du monde est une abomination pour Dieu.
- Tout ce qui est légèrement amour du monde est une abomination pour Dieu.
- Tout ce qui est entièrement amour du Père est agréable à Dieu.
- Tout ce qui est entièrement amour des choses du monde est une abomination pour Dieu.
- Tout ce qui est partiellement amour des choses du monde est une abomination pour Dieu.
- Tout ce qui est légèrement amour des choses du monde est une abomination pour Dieu.
- Tout ce qui est entièrement amour des choses du ciel est totalement agréable à Dieu.

LA PERSPECTIVE DE L'ÉTERNITÉ

Il ne faut pas que les choses soient évaluées uniquement à partir de leur conséquence sur le temps. Toute chose doit être évaluée à partir de sa conséquence sur l'éternité. Quand ils sont vus à partir de la perspective de l'éternité, les moindres actes de justice ou de péché pourraient avoir une conséquence phénoménale.

Le moindre acte de péché du «moi»,
d'amour du monde,
d'amour des choses du monde
pourrait avoir d'énormes conséquences dans l'éternité.

Le seul acte d'adultère commis par David a eu de l'impact sur le monde entier pour des siècles !

4. LES DANGERS D'UN COEUR DIVISE :
NE PAS SERVIR DIEU

C'est une chose de servir le peuple de Dieu et c'en est toute une autre de servir Dieu. Le Seigneur dit : *«De plus, les Lévites qui se sont éloignés de moi, quand Israël s'égarait et se détournait de moi pour suivre ses idoles, porteront la peine de leur iniquité. Ils seront dans mon sanctuaire comme serviteurs, ils auront la garde des portes de la maison et feront le service de la maison ; ils égorgeront pour le peuple les victimes destinées aux holocaustes et autres sacrifices, et ils se tiendront devant lui pour être à son service. Parce qu'ils l'ont servi devant ses idoles, et qu'ils ont fait tomber dans le péché la maison d'Israël, je lève ma main sur eux, dit le Seigneur, l'Eternel, pour qu'ils portent la peine de leur iniquité. Ils ne s'approcheront pas de moi pour être à mon service dans le sacerdoce, ils ne s'approcheront pas de mes sanctuaires, de mes lieux très saints ; ils porteront la peine de leur ignominie et des abominations qu'ils ont commises. Je leur donnerai la garde de la maison, et ils en feront tout le service et tout ce qui doit s'y faire. Mais les sacrificateurs, les Lévites, fils de Tsadok, qui ont fait le service de mon sanctuaire quand les enfants d'Israël s'égaraient loin de moi, ceux-là s'approcheront de moi pour me servir, et se tiendront devant moi pour m'offrir la graisse et le sang, dit le Seigneur, l'Eternel. Ils entreront dans mon sanctuaire, ils s'approcheront de ma table pour me servir, ils seront à mon service.»* (Ezéchiel 44:10-16).

Ecoute ce qui est dit des sacrificateurs dont les coeurs étaient partagés :
- Il se sont éloignés de moi.
- Ils se sont détournés de moi pour suivre leurs idoles.
- Ils pourraient servir dans mon sanctuaire.
- Ils auront la garde des portes de la maison et serviront dans la maison.
- Ils égorgeront pour le peuple les victimes destinées aux holocaustes et aux autres sacrifices.
- Ils se tiendront devant le peuple pour être à son service.
- Ils ne s'approcheront pas de moi pour être à mon service dans le sacerdoce.
- Ils ne s'approcheront pas de mes sanctuaires.

- Ils ne s'approcheront pas de mes lieux très saints.

Ecoute ce que le Seigneur dit des sacrificateurs dont les coeurs étaient purs :
- Ils s'approcheront de moi pour me servir.
- Ils se tiendront devant moi pour m'offrir la graisse et le sang.
- Ils entreront dans mon sanctuaire.
- Ils s'approcheront de ma table pour me servir.
- Ils seront à mon service.

Ceux dont les coeurs étaient partagés servaient le temple et le peuple mais il leur était interdit de s'approcher pour servir le Seigneur. Il leur était interdit de s'approcher d'un quelconque de Ses sanctuaires (puisqu'ils étaient impurs). Il leur était interdit de s'approcher de Ses lieux très saints.

Ils servaient mais ils ne Le voyaient pas.
Ils servaient mais ils ne pouvaient pas Le voir.

Ceux ayant des coeurs purs :
- S'approchaient de Lui.
- Servaient devant Lui.
- Se tenaient devant Lui.
- Faisaient des sacrifices de graisse devant Lui.
- Faisaient des sacrifices de sang devant Lui.
- Eux seuls entraient dans Son sanctuaire ; les autres en étaient exclus.
- Eux seuls s'approchaient de Sa table ; les autres ne le pouvaient pas même s'ils auraient tant aimé le faire.
- Eux seuls servaient devant Lui ; tous les autres en étaient exclus.
- Eux seuls étaient à son service ; les autres en étaient exclus.

Ils Le servaient.
Ils Le servaient dans Sa présence même.
Ils Le voyaient pendant qu'ils Le servaient.

HEUREUX CEUX QUI ONT LE COEUR PUR CAR ILS VERRONT DIEU

Es-tu en train de servir le peuple et le temple ou es-tu en train de servir le Seigneur ?

Tout cela dépend de si oui ou non ton coeur est partagé.

Le coeur pur n'est pas partagé.
Le coeur partagé n'est pas pur.

Tout ce qu'un homme fait avec un coeur partagé est comme du bois, du foin, du chaume. Tout ce qu'un homme fait avec un coeur pur c'est de l'or, de l'argent, et des pierres précieuses. La Bible dit : *«Selon la grâce de Dieu qui m'a été donnée, j'ai posé le fondement comme un sage architecte, et un autre bâtit dessus. Mais que chacun prenne garde à la manière dont il bâtit dessus. Car personne ne peut poser un autre fondement que celui qui a été posé, savoir Jésus-Christ. Or, si quelqu'un bâtit sur ce fondement avec de l'or, de l'argent, des pierres précieuses, du bois, du foin, du chaume, l'oeuvre de chacun sera manifestée, car le jour la fera connaître, parce qu'elle se révélera dans le feu, et le feu éprouvera ce qu'est l'oeuvre de chacun. Si l'oeuvre bâtie par quelqu'un sur le fondement subsiste, il recevra une récompense. Si l'oeuvre de quelqu'un est consumée, il perdra sa récompense. pour lui, il sera sauvé, mais comme au travers du feu.»* (1 Corinthiens 3:10-15).

Ceux dont les coeurs sont partagés sont en train de produire du bois, du foin, du chaume. Ils pourraient travailler très dur et très sacrificiellement et produire des résultats massifs et impressionnants. Cependant, tout cela n'est que du bois, du foin et du chaume "massifs". Ce sera consumé ce jour-là. Ils ne recevront aucune récompense pour cela !

Ceux dont les coeurs sont intègres ; ceux dont les coeurs sont purs sont en train de produire de l'or, de l'argent et des pierres précieuses avec leur service pour le Seigneur. Le feu ne consumera pas cela et par conséquent, ils recevront une récompense.

Etais-tu ou es-tu en train d'oeuvrer en vain ? Tu le sais certainement. Cela dépend d'une chose : la pureté de ton coeur. Si ton coeur
est partagé, tu étais ou tu es en train d'oeuvrer en vain. Tu dois
t'arrêter et faire quelque chose à ce sujet, afin que par la grâce de
Dieu, tu puisses recevoir un coeur pur et pour le reste de ta vie,
servir le Seigneur avec un coeur pur à partir de sa présence et produire
ainsi de l'or, de l'argent et des pierres précieuses qui te qualifieront
pour une récompense en ce jour-là !

CINQUIÈME PARTIE

LE COEUR PUR

1. DIEU EST DÉTERMINÉ A GAGNER

Le but de Dieu est que le non-croyant (avec le coeur ancien) reçoive le Seigneur et possède ainsi le coeur nouveau. Dieu veut davantage que le croyant soit rempli du Saint-Esprit et qu'il ait ainsi un coeur nouveau, et pur.

Coeur ancien ⟶ Coeur nouveau ⟶ Coeur nouveau et pur

Le Saint-Esprit ne demeure pas dans le coeur ancien. Il pourrait travailler sur le coeur, mais le travail se fait de l'extérieur.

Dans le coeur nouveau, le Saint-Esprit habite mais il ne Lui est pas permis de remplir le coeur tout entier. Il y a d'autres choses dans ce coeur.

Dans le coeur nouveau et pur, le Saint-Esprit remplit le coeur et possède le coeur et toute autre chose Lui est incontestablement assujettie.

Bien que Dieu ait établi que le croyant devrait passer de l'état du coeur nouveau à celui du coeur pur, ce plan de Dieu n'est pas réalisé dans plusieurs vies. Pour plusieurs croyants, la progression est du Coeur Nouveau au Coeur Nouveau mais Partagé :

Coeur ancien ⟶ Coeur nouveau ⟶ Coeur nouveau mais partagé

Ce livre est écrit afin que ces croyants qui ont raté le meilleur de Dieu et sont piégés dans la condition d'avoir des Coeurs Nouveaux Partagés, puissent entrer dans le meilleur de Dieu par le Chemin ci-dessous.

Coeur ancien ⟶ Coeur nouveau ⟶ Coeur partagé ⟶ Coeur pur

2. QU'EST-CE QU'UN COEUR PUR ?

Un coeur pur est un coeur nouveau qui n'est pas partagé et qui est rempli du Saint-Esprit.

Ceci signifie que toutes les idoles ont été ôtées; que le coeur a été purifié et consacré au Seigneur et ensuite qu'il a été rempli du Saint-Esprit.

A cause du Saint-Esprit qui remplit le coeur, le retour aux idoles est difficile. En fait, quelqu'un ayant un coeur pur doit faire des efforts spéciaux pour commettre délibérément quelque péché.

une personne ayant un coeur pur peut passer des années sans commettre délibérément quelque péché.

Parce que le coeur pur est celui qui est rempli du Saint-Esprit, la haine du péché et des oeuvres de la chair est naturelle et spontanée. L'amour du monde et des choses du monde est étranger au coeur pur parce que le coeur est rempli d'amour pour le Seigneur Jésus.

La personne ayant un coeur pur est si emportée à aimer le Seigneur Jésus et à Le servir qu'elle n'a pas le temps pour commencer à se demander si oui ou non elle doit pécher.

- Le coeur pur hait le péché d'une profonde et sérieuse haine.
- Le coeur pur aime le Seigneur Jésus d'un amour profond.
- Le coeur pur est si monopolisé par le Saint- Esprit qu'il n'a ni le temps ni de place pour les oeuvres de la chair.
- Le coeur pur est si rempli de l'amour du Père qu'il n'a ni le désir, ni le temps, ni la place pour aimer le monde ou les choses du monde.

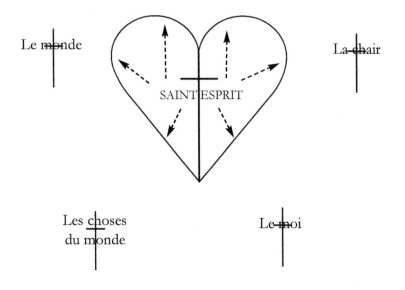

Le coeur pur

Le coeur pur est rempli du Saint-Esprit. Il ne s'y trouve aucune idole. Le monde, les choses du monde, la chair et les désirs de la chair sont tenus dans une position de crucifixion parce que Christ a crucifié ces choses sur la croix. Par conséquent, leur puissance d'attraction et de séduction est brisée.

3 - LA CROIX DE CHRIST ET LE COEUR PUR

LE DIABLE DÉPOUILLÉ

Le coeur pur est possible parce que l'ennemi juré, le diable, a été dépouillé sur la croix. La Bible dit: «*Il a dépouillé les dominations et les autorités, et les a livrées publiquement en spectacle, en triomphant d'elles par la croix.*» (Colossiens 2:15).

La Bible dit encore : «*Ainsi donc, puisque les enfants participent au sang et à la chair, il y a également participé lui-même, afin que, par la mort, il anéantit celui qui a la puissance de la mort, c'est-à-dire le diable, et qu'il délivrât tous ceux qui, par crainte de la mort, étaient toute leur vie retenus dans la servitude.*» (Hébreux 2:14-15).

A cause du triomphe du Seigneur Jésus sur Satan, toi qui, toute ta vie, as connu l'esclavage exercé par Satan, tu peux jouir de la libération du joug de Satan en Christ et avoir un coeur pur tout au long de ta vie.

LE MOI RENDU IMPUISSANT

Le coeur pur est possible parce que le Seigneur Jésus a pris le «moi» en toi sur Sa croix et l'y a crucifié. La Bible dit : «*Sachant que notre vieil homme a été crucifié avec lui, afin que le corps du péché fût détruit, pour que nous ne soyons plus esclaves du péché; car celui qui est mort est libre du péché.*» (Romains 6:6-7).

Oui, notre vieil homme a été crucifié avec Christ afin que le corps de péché soit rendu impuissant pour que nous ne soyons plus esclaves du péché. Nous sommes morts avec Christ et celui qui est mort a été libéré du péché. Parce que nous avons été libérés du péché, nous pouvons avoir des coeurs purs et marcher continuellement dans la pureté.

Oui, ton vieil homme a été crucifié avec Christ. Ton corps de péché a été rendu impuissant. Tu n'as plus besoin d'être esclave d'un péché quelconque. Tu n'as plus besoin de commettre un péché quelconque. Tu peux marcher en parfaite liberté du «moi» et du péché si tu le veux.

Avant que Jésus ne prenne à la croix ton vieux moi et l'y crucifie, ce vieux «moi» rendu puissant par le diable était trop fort pour toi pour que tu le maîtrises. Quand Jésus mourut sur la croix, Il dépouilla le diable et détruisit sa puissance. Ainsi donc, la puissance du diable a été détruite. Il a été désarmé. Il n'a pas de puissance pour fortifier le vieux «moi» et le rendre trop puissant pour te mettre sous contrôle. En plus de la destruction de la puissance de Satan, le vieux moi lui-même a été pris et crucifié à la croix, et rendu ainsi impuissant.

Nous pouvons illustrer cela comme suit :

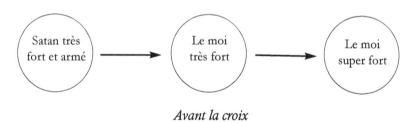

Avant la croix

Ce «moi» super-fort contrôlait toute chose et toute personne. Il était trop puissant pour être contrôlé par quiconque.

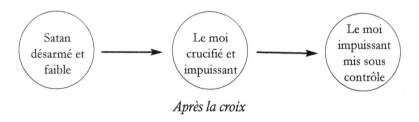

Après la croix

A cause de la destruction de Satan sur la croix et à cause de la crucifixion du «moi», Satan ne peut pas renforcer ce moi comme il aimerait. En plus de cela, la croix a affaibli la puissance du «moi» de façon si fondamentale qu'il est réellement et véritablement faible. Chaque croyant qui est rempli du Saint-Esprit a le pouvoir absolu sur le «moi» si bien que s'il demeure rempli du Saint-Esprit, il peut faire du «moi» ce qu'il veut, quand il veut et comme il veut.

Ecoute, Dieu a fait tout ce qui est nécessaire pour que tu sois libéré de la vie du moi. Premièrement, Satan a été désarmé de telle façon qu'il ne peut pas avoir le pouvoir sur le moi comme il l'avait avant ce jour crucial au calvaire. Deuxièmement, la puissance que le moi avait en lui-même a été détruite quand Jésus a crucifié le moi sur Sa croix. Tu peux être libre si tu veux. Tu peux être rempli du Saint-Esprit maintenant si tu veux. Tout ce que tu as à faire c'est de renverser tes idoles et de les expulser tout de suite, d'inviter le Saint-Esprit à te remplir jusqu'au débordement.

Nous insistons sur le fait que tu peux avoir un coeur pur et marcher dans la pureté toute ta vie. Tu pourrais dire, mon problème c'est le «moi» en moi ; mon problème est le «Je». Nous t'avons dit ce qui a été fait au moi. Peut-être un verset de plus t'aidera à voir ce que Dieu a fait pour toi et ce que Dieu est en train de t'offrir. L'apôtre Paul écrivit : «*J'ai été crucifié avec Christ, et si je vis, ce n'est plus moi qui vis, c'est Christ qui vit en moi.*» (Galates 2:20). Ce que Christ a fait pour l'apôtre Paul, Il l'a fait aussi pour toi.

Paul aurait pu le dire ainsi : «Moi, Paul j'ai été crucifié avec Christ. Ce n'est plus moi Paul qui vis.»

Pour toi aussi, quel que soit ton nom (permets qu'on t'appelle M. X) l'Eternel Dieu dit : «Toi, M. X tu as été crucifié avec Christ. Toi M. X, ne vis plus.»

Pour moi, la Bible dit : «Zacharias Tanee Fomum a été crucifié avec Christ. Zacharias Tanee Fomum ne vit plus.»

Veux-tu toi aussi confesser ce que la Bible dit à propos de toi ? Veux-tu dire : «Moi, M X, j'ai été crucifié avec Christ. M X ne vit plus ?»

Si tu as été crucifié avec Christ, alors cela implique que le «Je» en toi a été crucifié. Si le «Je» en toi a été crucifié, alors cela signifie que le «Je» en toi a été rendu impuissant ; a été mis hors d'autorité et peut et doit se soumettre rapidement sans résister aux commandements du Saint-Esprit pendant qu'Il coule à travers toi.

Le coeur pur peut être tien aujourd'hui, maintenant!

LE MONDE JUGÉ, CRUCIFIÉ ET RENDU IMPUISSANT

Le monde est l'un des obstacles majeurs du coeur pur. Cependant, le monde a aussi été traité sur la croix.

Avant que Jésus n'aille à la croix, Il dit au monde: «*Maintenant a lieu le jugement de ce monde ; maintenant le prince de ce monde est jeté dehors.*» (Jean 12:31). Ainsi donc, le monde a été jugé par le Seigneur Jésus et ce jugement demeure. Le monde n'a pas seulement été jugé. Il a été condamné. Tout est accompli.

En dehors du fait d'être jugé, le Seigneur Jésus a pris le monde à la croix et l'y a crucifié. L'apôtre Paul confessa : «*Pour ce qui me concerne, loin de moi la pensée de me glorifier d'autre chose que de la croix de notre Seigneur Jésus-Christ, par qui le monde est crucifié pour moi, comme je le suis pour le monde.*» (Galates 6:14).

Le monde qui était déjà très fort et très puissant fut davantage fortifié par Satan afin de produire un système fort, puissant et irrésistible.

Avant la croix, voici comment étaient les choses:

Satan très fort et armé → Le monde très fort et puissant → Le monde puissant et irresistible

Après la croix, le monde déjà affaibli par la crucifixion et n'étant pas en position d'être renforcé par Satan, a perdu son pouvoir de séduire, de captiver et de charmer le croyant rempli de l'Esprit.

Le croyant rempli de l'Esprit est par conséquent libéré de l'amour du monde.

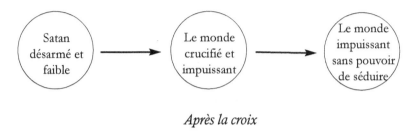

Après la croix

DEUX SUR LA CROIX

L'apôtre Paul confessa : «*Pour ce qui me concerne, loin de moi la pensée de me glorifier d'autre chose que de la croix de notre Seigneur Jésus-Christ, par qui le monde est crucifié pour moi, comme je le suis pour le monde.*» (Galates 6:14).

Le monde a été crucifié et ainsi, ne peut rien offrir au croyant rempli de l'Esprit. Le monde demeure sur la croix.

Le croyant a été crucifié. Il ne peut rien offrir au monde ! Par conséquent, parce que le monde a été crucifié et que le croyant a été crucifié, les deux sont morts et ne peuvent rien s'offrir l'un l'autre. Le monde n'aura jamais rien à offrir au croyant parce qu'il a été crucifié et ne reviendra jamais à la vie. Le croyant a été crucifié mais est revenu à la vie dans le Seigneur Jésus, et par conséquent, bien qu'étant une fois mort, il est maintenant vivant pour le seul but de donner au monde mort le Seigneur Jésus.

A cause de la croix, le croyant qui veut vaincre le monde peut le vaincre.

Le chemin pour y parvenir est facile. On peut s'en débarrasser comme suit :

1. ôter du coeur toutes les idoles qui s'y trouvent.
2. Etre rempli du Saint-Esprit.
3. Croire que le monde a été crucifié sur la croix et qu'il est sans puissance sur toi.
4. Dire au monde : «*A cause de la victoire de Jésus-Christ sur la croix, tu n'as pas de puissance sur moi. Je triomphe de ton emprise sur moi ou de tes vaines offres au nom du Seigneur Jésus. J'ai fixé mon coeur à aimer Jésus exclusivement et à Le servir exclusivement.*»

La Bible dit : «*Parce que tout ce qui est né de Dieu triomphe du monde ; et la victoire qui triomphe du monde, c'est notre foi.*» (1 Jean 5:4).

Oui, la victoire qui triomphe du monde c'est notre foi (la foi en l'oeuvre accomplie de Christ sur la croix). Oui, quiconque est né de Dieu triomphe du monde. Celui qui est né de Dieu et qui marche en pureté de coeur triomphe toujours du monde !

Le monde offre d'énormes tentations à ceux dont les coeurs sont partagés. A ceux qui ont le coeur pur, le monde est un ennemi conquis qui ne distrait pas.

Il y a des questions auxquelles tu dois faire face. Les voici : Tes idoles sont-elles toutes ôtées du coeur? As-tu tout abandonné au Seigneur Jésus ? Es-tu rempli du Saint-Esprit? Si la réponse à ces questions est oui dans chaque cas, tu devrais être en paix. Tu n'as pas de problème avec l'amour du monde. Tu ne peux pas avoir de problème avec l'amour du monde, à moins que tu ne rétrogrades de l'état de pureté de coeur.

Si la réponse aux questions ci-dessus est non, tu as un problème avec l'amour du monde même si cet amour n'est pas encore pleinement manifesté. Fais quelque chose à ce sujet. Débarrasse-toi du coeur partagé. Revêts le coeur pur et sois rempli du saint-Esprit.

4 - LES RAISONS SUPPLÉMENTAIRES POUR LESQUELLES LE CROYANT NE DEVRAIT PAS AIMER LE MONDE

Nous avons vu que le monde a été crucifié et ainsi, n'est plus digne de l'amour du croyant. Qui voudrait aimer un «cadavre» ? Si le monde n'avait pas été crucifié, les choses seraient différentes. Cependant, il a été crucifié et condamné. Nous pouvons dire que ce monde «mourut» sur la croix. La croix a rendu le monde «Sans vie», «mort» et absolument laid. Comment puis-je illustrer cela ? Prenons ce qui suit comme exemple : Mon bien-aimé père, Solomon FO-MUM TANEE et moi étions des amoureux et des amis. C'était une affaire d'amitié et d'amour qui s'étala sur des années, dès le moment où j'eus mes onze ans jusqu'à l'âge de vingt-huit ans. J'aimais mon père très chèrement. Cependant, le 18 septembre 1973, à 19h30, il mourut dans mes bras. Bien que je l'aimais tant, immédiatement après qu'il mourût, je ne fis pas des plans pour le garder. Je pleurai, et tout en pleurant, je sortis et commençai à faire des arrangements pour son enterrement. Il n'y avait aucun désir quelconque de conserver le cadavre de mon bien-aimé. De même, la crucifixion du monde l'a rendu totalement indésirable !

Une autre raison pour laquelle aucun croyant ne devrait aimer le monde est que l'amour du monde est une manifestation d'inimitié contre Dieu. La Bible dit : «*Adultères que vous êtes ! Ne savez-vous pas que l'amour du monde est inimitié contre Dieu ? Celui donc qui veut être ami du monde se rend ennemi de Dieu.*» (Jacques 4:4).

L'amour du monde	=	Haine contre Dieu.
L'amour des choses du monde	=	Haine contre Dieu.

L'apôtre avertit : «*N'aimez point le monde, ni les choses qui sont dans le monde. Si quelqu'un aime le monde, l'amour du Père n'est point en lui. Car tout ce qui est dans le monde, la convoitise de la chair, la convoitise des yeux, et l'orgueil de la vie, ne vient point du Père, mais vient du monde. Et le monde passe, et sa convoitise aussi ; mais celui qui fait la volonté de Dieu demeure éternellement.*» (1 Jean 2:15-17).

Le croyant peut choisir de ne pas aimer le monde parce que la puissance du monde à séduire a été brisée sur la croix. Par conséquent, un croyant quelconque qui aime le monde le fait par choix personnel et non parce qu'il est incapable de résister au monde.

La troisième raison pour laquelle le croyant ne devrait pas aimer le monde c'est à cause de son futur. Le monde n'a pas de futur. Les choses du monde n'ont pas d'avenir. La Bible dit : «*Le jour du Seigneur viendra comme un voleur ; en ce jour, les cieux passeront avec fracas, les éléments embrasés se dissoudront, et la terre avec les oeuvres qu'elle renferme sera consumée. Puisque donc toutes ces choses doivent se dissoudre, quelles ne doivent pas être la sainteté de votre conduite et votre piété, tandis que vous attendez et hâtez l'avènement du jour du Seigneur, à cause duquel les cieux enflammés se dissoudront et les éléments embrasés se fondront.*» (2 Pierre 3:10-12).

La Bible dit :»*La terre avec les oeuvres qu'elle renferme sera consumée.*» (2 Pierre 3:10). Oui, la terre et tout ce qu'elle renferme seront consumés. La Bible dit que toutes choses seront détruites. Qu'est-ce qui sera détruit ? Les choses suivantes seront détruites, brûlées, consumées :
- Le siège des Nations Unies,
- La Cathédrale Saint-Pierre,
- L'Elysée,
- Le Palais de l'Unité,
- "Empire Building",
- Le bâtiment le plus élevé dans le monde,
- Le bâtiment le plus magnifique dans le   monde,
- Le chef-d'oeuvre artistique le plus coûteux,
- La villa la plus luxueuse,
- La plus belle voiture.

Les choses suivantes seront aussi détruites, consumées, brûlées :
- Ta plus belle maison,
- Toutes tes maisons,
- Ton meilleur costume,

- Tous tes habits,
- Tes meubles les plus coûteux,
- Ta chaîne de télévision,
- Ta chaîne de radio,
- Ta montre,
- Ta voiture,
- Ton réfrigérateur,
- Ta cuisinière,
- Tes couverts,
- Tes diplômes,
- Tout autre chose matérielle que tu as.

En fait, tout sera consumé ! Il faut que tout soit consumé !!

Tu dois inscrire sur ta maison,
                    ta voiture,
                    ton costume,
                    ta radio, et sur
toute autre chose que tu possèdes :

«A ÊTRE DÉTRUIT. A ÊTRE CONSUMÉ.»

Ceci te poussera à ne pas aimer le monde !

Que le Seigneur t'aide.   Amen !

SIXIÈME PARTIE

RECEVOIR LE COEUR PUR

1. POUR RECEVOIR LE COEUR PUR

Pour recevoir le coeur pur, fais les choses suivantes:

1. Repens-toi de toutes les idoles qui sont dans ton coeur.

2. Renverse complètement chaque idole.

3. Tu as maintenant un coeur propre.

4. Demande au Seigneur de te donner un coeur pur.

5. Reçois du Seigneur le coeur pur par la foi.

6. Consacre au Seigneur le coeur pur que tu viens juste de recevoir.

7. Consacre tout ce que tu as au Seigneur afin que le Seigneur possède ton coeur pur et tout de ton coeur pur.

8. Demande au Seigneur de remplir ton coeur du Saint-Esprit afin que la pureté soit soutenue.

9. Continue à obéir au Seigneur et à marcher dans une obéissance toujours croissante au Seigneur; cherchant et aimant le Seigneur de tout ton coeur, de toute ton âme, de tout ton corps.

    Louange au Seigneur !

2. ENTRER DANS LA VIE REMPLIE DE L'ESPRIT

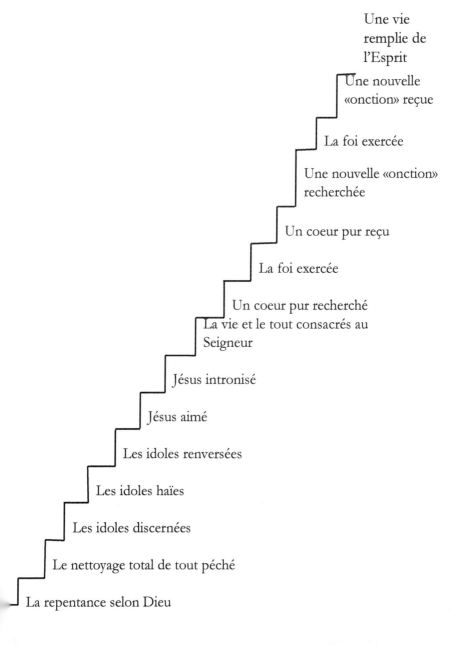

Une vie remplie de l'Esprit

Une nouvelle «onction» reçue

La foi exercée

Une nouvelle «onction» recherchée

Un coeur pur reçu

La foi exercée

Un coeur pur recherché

La vie et le tout consacrés au Seigneur

Jésus intronisé

Jésus aimé

Les idoles renversées

Les idoles haïes

Les idoles discernées

Le nettoyage total de tout péché

La repentance selon Dieu

3. DE L'ÉTAT D'ÊTRE REMPLI À L'ÉTAT D'ÊTRE PLEIN DU SAINT-ESPRIT

Le débordement de vie et de ministère aux nations (Ezechiel 36:30c)

Augmentation du produit des champs abondants (Ezechiel 36:30b). Un ministère abondant.

Le fruit des arbres abondant (Ezechiel 36:30). Débordement du fruit de l'Esprit (Galates 5:22)

La faim pour Dieu ôtée. La plénitude de Dieu reçue intérieurement (Ezèchiel 36:29c)

Dieu appelle le blé et le multiplie (Ezechiel 36:29). La vie spirituelle rendue abondante

Davantage de purification à un niveau plus profond pour avoir une hamonie croissante pendant que Dieu et l'homme habitent l'un dans l'autre (Ezechiel 36:29)

Une plus profonde relation avec le Seigneur afin que la relation Père-fils soit une réalité dans l'expérience (Romains 8:15-16)

Une plus profonde révélation de Dieu et de l'héritage du croyant (Ezèchiel 36:28a)

Une plus profonde poursuite de Dieu (Psaume 24:6; Psaume 27:8; Psaume 42:1-2; Psaume 63:1-8)

Le croyant habite en Dieu (La sainteté d'esprit, âme et corps). (1 Thessaloniciens 5:23:24)

Dieu vient habiter dans le croyant (Jean 14:23). (La sainteté du coeur)

L'amour pour Dieu reçu

L'amour pour Dieu désiré

Les besoins de Dieu recherchés, connus et pourvus avec crainte de tremblement et une grande joie excessive (Ezèchiel 36:27, les ordonnances de Dieu)

Les lois de Dieu observées avec crainte et tremblement (Ezèchiel 36:27, les staututs de Dieu)

La crainte du Seigneur née dans le coeur et manifestée (Ezèchiel 36:27b)

Un esprit nouveau reçu (Ezèchiel 36:26)

Un nouveau coeur reçu (Ezèchiel 36:26)

SEPTIÈME PARTIE

MAINTENIR
LE COEUR PUR PUR

1. LA VIE AVEC UN COEUR PUR - 1

1. Le péché est détecté de loin.

2. Les péchés jusque là non confessés sont confessés.

3. Les péchés qui jusque là n'étaient pas vus comme péchés, sont vus comme péchés.

4. Le péché sous une forme quelconque, quel que petit soit-il, fait que celui qui a le coeur pur se sente malade.

5. Les péchés des autres commencent à briser le coeur parce qu'ils sont vus comme des couteaux dans le coeur de Dieu.

6. Pendant que celui qui a le coeur pur combat avec la tentation, il y a une assurance qu'il y aura la victoire sur la tentation.

7. Une fois confronté à la tentation la plus amère, lorsqu'il semble ne pas avoir d'issue, il survient une délivrance surnaturelle inattendue.

8. Après que le coeur pur ait été reçu, le péché devient immédiatement très distant et c'est comme si l'on ne sera même plus tenté. Avec le temps, le péché commence à être noté aux horizons et la tentation commence à devenir évidente et progressivement plus évidente. Il y a bientôt de la pression pendant que l'Ennemi veut se restaurer à la victoire et au gouvernement. Il faut que le croyant se lève et combatte de tout son être même jusqu'à verser son sang afin de ne pas céder. S'il triomphe de la tentation, les tentations suivantes seront moins acharnées et la victoire sera plus facile parce que le terrain pour la victoire a été établi.

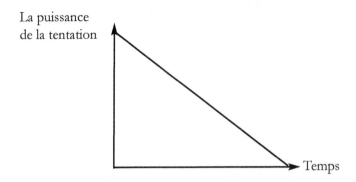

Si quelqu'un cède à la première tentation, alors l'ennemi recevra l'autorité et il sera plus facile de céder par la suite, car l'Ennemi, ayant établi son autorité dans le croyant, commandera avec plus d'autorité.

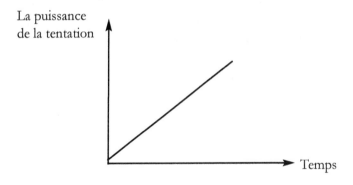

La victoire est plus difficile pour le croyant et il doit exercer une plus grande force et cela prend beaucoup plus de lutte pour que le croyant gagne la bataille. Il combat à partir de la faiblesse de la précédente soumission qui l'a laissé presqu'incapable et braqué vers l'échec ! L'Ennemi semble exercer plus de pression avec le temps à cause de sa revendication à la victoire. L'Ennemi va insister et insister et combattre et combattre parce qu'il veut délibérément établir une forteresse.

2. LA VIE AVEC UN COEUR PUR - 2

Le coeur pur est reçu par la foi. Il est maintenu par la lutte, le labeur pour s'assurer que ce qui a été reçu est maintenu. Il y a la réception du coeur pur par la foi. Ceci est suivi d'une lutte contre le péché. La Bible dit : «*Vous n'avez pas encore résisté jusqu'au sang, en luttant contre le péché.*» (Hébreux 12:4).

La première tentation qu'on rencontre après que le coeur pur a été reçu est des plus acharnées et réelle. Le diable et son armée y mettent tout et font tout pour presser de l'avant jusqu'à la victoire. Si le croyant se tient sur ses droits et refuse de céder, il gagnera de l'autorité sur le diable. Cette autorité s'assurera que le diable, affaibli à partir de la précédente défaite, ne sera plus capable d'attaquer violemment comme avant. Cette victoire renforcera aussi la capacité du croyant de dire «non» au diable. Le résultat de tout ceci est que les tentations suivantes seront moins acharnées et la victoire par le croyant sera plus facilement remportée.

Si le croyant continue à maintenir ses bases, les tentations viendront moins rapidement et seront plus rapidement prises en charge, tant et si bien qu'à un certain niveau, il n'y aura plus de lutte pour vaincre. Il y aura un simple commandement : «retire-toi, Satan» et tout de suite il s'en ira, et c'est terminé.

Ceci conduira à un point où le croyant vit dans une telle union avec le Seigneur, que ce sera comme si les tentations n'existent plus. Oui, elles existent, mais elles viennent seulement occasionnellement. Le croyant peut se concentrer sur l'édification et le développement de sa relation avec le Seigneur.

Ceci ne veut pas dire qu'il n'est plus engagé dans le combat avec Satan. Cela signifie que ses combats qu'il initie et engage contre Satan sont offensifs. Le croyant est au contrôle.

Il est emporté avec le Seigneur et ne confronte Satan qu'occasionnellement. Il mûrit alors progressivement dans la connaissance du Seigneur. Nous pouvons illustrer cela comme suit :

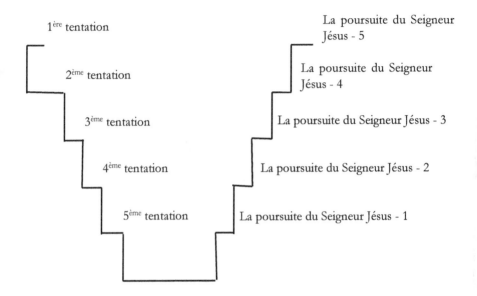

1ère tentation

2ème tentation

3ème tentation

4ème tentation

5ème tentation

La poursuite du Seigneur Jésus - 5

La poursuite du Seigneur Jésus - 4

La poursuite du Seigneur Jésus - 3

La poursuite du Seigneur Jésus - 2

La poursuite du Seigneur Jésus - 1

3. LE COEUR PUR : LES CONFLITS

Ce qui se passe après que le coeur pur a été reçu peut être illustré comme suit :

La première heure,
Le premier jour,
La première semaine,
Le premier mois,

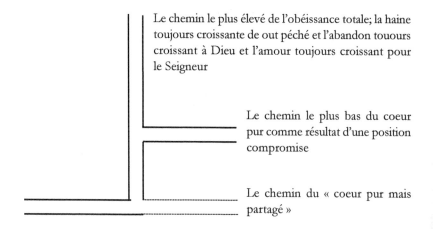

Le chemin le plus élevé de l'obéissance totale; la haine toujours croissante de out péché et l'abandon touours croissant à Dieu et l'amour toujours croissant pour le Seigneur

Le chemin le plus bas du coeur pur comme résultat d'une position compromise

Le chemin du « coeur pur mais partagé »

après que le coeur pur a été reçu du Seigneur est d'une importance critique. Toute l'armée de Satan est lâchée pour essayer d'annuler ce qui s'est passé en causant un retour à l'un des péchés qui tenait la personne captive. Si cela arrive, la personne pourrait retourner à la vie d'avant, avec un coeur nouveau mais partagé et tous ses espoirs de vivre dans la pureté du coeur s'en iront.

Quand le diable ne réussit pas à cela, il va oeuvrer pour s'assurer qu'une position compromise est créée. Plusieurs choses sont perma-nemment changées, mais dans un ou deux domaines, les choses sont presque comme avant. Une autre chose que le diable pourrait faire c'est de créer une situation dans laquelle bien que tous les actes

iniques ont été abandonnés, il n'y a pas d'investissement total du coeur pur, dans la puissance du Saint-Esprit à chercher,
à trouver,
à connaître,
à aimer et
à servir
le Seigneur. Il y a l'absence du péché, mais il n'y a pas de plénitude de Dieu. C'est aussi là le compromis. Pour éviter ces compromis, les choses suivantes devraient être faites :

1. Le coeur divisé doit être vu comme étant un péché.
2. Toutes les idoles dans le coeur doivent être rejetées.
3. Le coeur pur doit être reçu du Seigneur par la foi.
4. Le coeur pur et le tout du coeur pur doit être consacré radicalement et irrévocablement au Seigneur et la consécration doit être renouvelée chaque jour, chaque heure et au besoin, minute après minute.
5. Le coeur pur, consacré doit être rempli du Saint-Esprit.
6. Le coeur pur rempli de l'Esprit doit continuer à chercher, trouver, connaître, aimer et servir le Seigneur. Il doit le faire progressivement jusqu'à ce que le Seigneur soit la joie sublime du coeur.

Alors la pureté continuera d'un degré de gloire à un autre. L'apôtre Paul écrivit : «*Or, le Seigneur c'est l'Esprit ; et là où est l'Esprit du Seigneur, là est la liberté. Nous tous qui, le visage découvert, contemplons comme dans un miroir la gloire du Seigneur, nous sommes transformés en la même image, de gloire en gloire, comme par le Seigneur, l'Esprit.*» (2 Corinthiens 3:17-18).

Alléluia !

Gloire soit au Seigneur !

Amen.

HUITIÈME PARTIE

GRANDIR DANS LA PURETÉ DU COEUR PUR

GRANDIR DANS LA PURETÉ DU COEUR PUR

Quand un homme dit que son coeur est pur, il est pur jusqu'au niveau où il sait ce qu'est le péché. Un très jeune croyant peut recevoir un coeur pur, mais son coeur pur pourrait ne pas être comparativement, aussi pur que celui d'un croyant plus âgé qui vient aussi juste de recevoir un coeur pur. Il en est ainsi parce qu'il y aura des choses qui sont mauvaises devant Dieu mais que le jeune croyant ne connaît pas comme tel. Il a tout de même tourné son dos à tout ce qu'il connaît comme étant mauvais. Son coeur est accepté par le Seigneur comme étant pur par rapport à ce qu'il connaît comme mal. Il y a d'autres choses qui sont mauvaises dans ce coeur et connues par Dieu et peut-être connues par d'autres personnes, mais du moment que le propriétaire du coeur ne les connaît pas comme étant mauvaises, il continue à être irréprochable devant Dieu et continue à marcher devant Dieu comme quelqu'un qui a un coeur pur. Ceci nous amène à une re-définition d'un coeur pur.

QUI EST DIT POSSÉDER UN COEUR PUR ?

Une personne est dite posséder un coeur pur si elle s'est détournée par la repentance de tout ce qu'elle connaît comme étant péché dans sa vie. On dit qu'elle a un coeur pur quand elle s'est détournée de tout ce qu'elle connaît comme n'étant pas la volonté de Dieu. Elle s'est détournée de tout ce qu'elle connaît comme n'étant pas la volonté de Dieu et s'est tournée vers tout ce qu'elle connaît comme étant la volonté de Dieu. Quand une personne s'est de tout son coeur détournée de tout ce qu'elle connaît comme n'étant pas la volonté de Dieu, et s'est tournée de tout son coeur vers tout ce qu'elle connaît comme étant la volonté de Dieu, cette personne a un coeur pur devant Dieu. Son coeur n'est pas parfait devant Dieu, mais il est accepté par Dieu comme étant pur.

Ceci signifie qu'une personne pourrait avoir un coeur pur devant

Dieu aujourd'hui, mais demain, elle pourrait ne pas avoir un coeur pur devant Dieu. Si elle a un coeur pur devant Dieu aujourd'hui et demain, Dieu lui montre davantage de Sa volonté, elle se retrouve alors à un carrefour. Elle pourrait accepter la volonté de Dieu qui lui a été davantage révélée, se détourner de sa propre volonté de tout son coeur et se tourner de tout son coeur vers la volonté de Dieu, et ainsi continuer à maintenir un coeur pur, ou bien elle pourrait rejeter la volonté de Dieu ainsi révélée et cesser immédiatement d'avoir un coeur pur.

La personne qui s'est détournée de tout ce qu'elle connaît comme n'étant pas la volonté de Dieu et s'est tournée à tout ce qu'elle connaît comme étant la volonté de Dieu a un coeur pur. On dit aussi d'elle qu'elle est irrépréhensible devant Dieu.

GRANDIR DANS LA PURETÉ DU COEUR PUR

Puisque le coeur pur est celui qui s'est détourné de tout ce qui est connu comme n'étant pas la volonté de Dieu et s'est tourné vers tout ce qui est connu comme étant la volonté de Dieu, la croissance dans la pureté du coeur pur est possible. Une personne grandit dans la pureté du coeur pur.

1. En cherchant diligemment à connaître ce qui n'est pas la volonté de Dieu et à s'en détourner de tout son coeur.
2. En cherchant diligemment à connaître ce qui est la volonté de Dieu et de tout son coeur, à se tourner vers elle et à la faire.

Le taux de croissance dans la pureté du coeur pur est déterminé par l'étendue jusqu'où une personne cherche à connaître tout ce qui n'est pas la volonté de Dieu ; la vitesse avec laquelle elle s'en détourne et le degré jusqu'où elle s'en sépare. C'est ici le côté négatif des choses, c'est-à-dire le côté qui concerne ce qu'il faut arrêter, ce qui ne doit pas être fait.

Le taux de croissance dans la pureté du coeur pur est déterminé par l'étendue jusqu'où une personne cherche à connaître tout ce qu'elle peut connaître de la volonté de Dieu à ce moment et par l'étendue jusqu'où elle exécute la volonté de Dieu ainsi révélée. C'est ici le côté positif des choses, c'est-à-dire le côté qui traite avec les choses qui doivent être faites.

Deux personnes pourraient recevoir des coeurs purs le même jour mais après quelques temps, les deux sont très éloignées l'une de l'autre dans leur degré de sanctification. Il en est ainsi parce que l'une d'elles a suivi le Seigneur plus intimement et a été plus obéissante que l'autre.

LE BUT DE LA CROISSANCE DANS LA PURETÉ DU COEUR PUR

Le but de la croissance dans la pureté du coeur pur c'est d'avoir un coeur qui est aussi pur que celui du Seigneur Jésus. Le Seigneur Jésus s'est détourné de tout péché. Il a aussi cherché, connu et fait la volonté de Dieu en toutes choses. Il avait un coeur absolument pur dès le début et Il l'avait maintenu absolument pur tout au long de sa vie sur terre. Il n'y a pas eu de temps au cours duquel il y avait quelque chose sur le coeur de Jésus qui ne plaisait pas pleinement au Père.

Pendant que le croyant au coeur pur grandit dans la pureté du coeur pur, il grandira progressivement dans la haine de tout ce qui n'est pas la volonté de Dieu jusqu'à ce qu'il arrive à un niveau de croissance où sa haine contre tout ce qui n'est pas la volonté de Dieu sera très proche de celle du Seigneur Jésus.

Pendant que le croyant au coeur pur grandit dans la pureté du coeur pur, il grandira progressivement dans l'amour de tout ce qui est la volonté de Dieu jusqu'à ce qu'il arrive à un endroit de croissance où son amour pour tout ce qui est la volonté de Dieu sera presque comme l'amour de Jésus-Christ pour la volonté de Son Père.

Le Seigneur Jésus commanda : «*Soyez donc parfaits, comme votre Père céleste est parfait.*» (Matthieu 5:48). Le Père céleste est parfait dans sa haine et le détour de tout ce qui n'est pas Sa volonté.

Le Père céleste est parfait dans le fait de connaître et de faire Sa volonté. Tous ceux qui ont des coeurs purs ont été appelés à cette perfection. Tous ceux-là font de cette perfection leur but.

Dieu a donné le Saint-Esprit au croyant. Le même Esprit qui habite dans le Seigneur Jésus habite en toi. Le même Esprit que Dieu le Père a, habite en toi. Tu es capable d'atteindre un niveau excessivement élevé dans la pureté, la sainteté et la perfection dans le Seigneur. Il n'y a pas de limite à l'étendue jusqu'où tu peux aller. La limite est la perfection de Dieu. Fais de cette perfection ton but.

Considère cela de cette manière : si la perfection de Dieu est côté 100 et le coeur pur côté 0, alors cela signifie que toute la gamme de 0 à 100 est ouverte à celui qui a reçu un coeur pur.

Tu peux rester à 0 et te réjouir dans le fait que tu as reçu un coeur pur. D'autre part, tu peux t'élever à 30, ensuite à 50 et ensuite à 70, et ensuite à 90 et pourquoi ne pas presser de l'avant jusqu'à 99 ?

Que Dieu te bénisse abondamment

Amen.

Amen.

Amen.

Imprimé en France par CPI
en septembre 2019

Dépôt légal : septembre 2019
N° d'impression : 154119